MISSION CHRÉTIENNES DES PRIÈRES DIVINES

LES 24 PRIÈRES DES PSAUMES
POUR
LA DÉLIVRANCE ET L'EXORCISME

Papa KAPANGE
Psalmiste - intercesseur

CIP a Camerei Naţionale a Cărţii

Kapange, Isabel.

Les 24 prières du livre des Psaumes pour la délivrance et l' exorcisme des malades / Isabel Kapange, Papa Kapange. – Chişinău : Generis Publishing, 2020 (Print on demand). – 98 p. : fig.

ISBN 978-9975-153-72-0.

27-29

K 21

Cover: Generis Publishing

Generis Publishing
Online orders: www.generis-publishing.com
Orders by email: info@generis-publishing.com

En collaboration avec **Isabel KAPANGE**
et **Lyvia-Roseline BIDILOU**

Les psaumes sont des prières modèles, agréés par l'Éternel et approuvées par Jésus-Christ

> Jésus-Christ a dit : «(…) *qu'il fallait que s'accomplit tout ce qui est écrit de moi dans la loi de Moïse, dans les prophètes et dans les psaumes.* »
Évangile de Luc 24:44

> L'apôtre Paul a dit : «*Entretenez-vous par des psaumes...*»
Épître de Paul aux Éphésien 5:19

> L'apôtre Paul a dit : «(…) instruisez-vous et exhortez-vous les uns les autres en toute sagesse, par des psaumes (...)»
Épître de Paul aux Colossiens 3:16

> L'apôtre Jacques a dit : «(…) Quelqu'un est-il dans la joie ? Qu'il chante des cantiques»
Épître de Jacques 5:13

LA TABLE DES MATIÈRES

Bien avant de prier ces psaumes, il faut d'abord savoir que la prière est une communication personnelle entre vous et l'Éternel Dieu qui vous a créé.

S'il arrive que vous priez en groupe ceci ne veut pas dire que toutes les prières des personnes que forme ce groupe soient identiques devant Dieu.

Mais alors, comment faut-il personnellement prier Dieu ?

Dans ce cas précis, je prendrai l'exemple typique de David, celui qui a chanté la plupart des psaumes que nous avons aujourd'hui dans la Bible.

Quand David chantait les psaumes, il traversait des moments très difficiles. Soit, il était entouré d'ennemis ou soit il était en fuite. Il priait Dieu pendant des moments très douloureux de sa vie.

Cet exemple de David nous montre que l'Éternel Dieu qui habite dans nos cœurs est très sensible au cœur brisé.

Il est compatissant à ceux qui versent des larmes, il vient au secours de ceux qui le demandent.

La question qu'on se pose aujourd'hui est de savoir pourquoi l'Éternel a-t-il préféré qu'on écrive des psaumes dans la Bible ?

Louis SEGOND, dans la Sainte Bible, définit le livre des Psaumes comme étant une petite bible dans la grande. Ce sont en fait des louanges ou des cantiques qui constituent un recueil de 150 poèmes destinés à être chantés.

C'est donc un recueil de tous les fidèles à travers l'histoire. Chaque psaume reste d'actualité ou actualisable pour tous ceux qui, en toutes circonstances, cherchent le secours de l'Éternel.

Donc, Dieu a agréé ces prières et il a préféré qu'on les écrive dans sa parole qui est la Bible, en vue d'en faire un modèle de prières c'est-à-dire un échantillon de la façon par laquelle nous devons prier l'Éternel.

L'autre raison pour laquelle Dieu a ordonné qu'on écrive les psaumes dans la Bible est le fait de pouvoir mettre totalement la différence entre le royaume de Satan (royaume des ténèbres) et celui de l'Éternel Dieu le créateur (royaume de lumière).

Vous trouverez plus d'informations sur ce sujet dans mon témoignage (Papa KAPANGE interview sur YOUTUBE).

Dieu a préféré qu'on écrive les psaumes dans la Bible pour créer un rapprochement facile avec ses enfants c'est-à-dire que tous ceux qui cherchent la face de l'Éternel, ou son secours, peuvent facilement le faire par les prières de Dieu lui-même (les psaumes).

C'est à travers les psaumes que les enfants de Dieu peuvent communiquer avec Dieu.

Ils peuvent solliciter auprès de lui la délivrance des maladies, la restauration des âmes vendues à Satan (âmes en difficulté), la libération des peuples opprimés etc... Et l'adoration et la louange à l'Éternel Dieu le Créateur.

En priant les psaumes, j'ai demandé à Dieu par l'obligation de sa parole d'agir vite en votre faveur. Jésus-Christ l'a confirmé dans Luc 24 : 44 " *qu'il fallait que s'accomplit tout ce qui était écrit de moi dans la loi de Moïse, dans les prophètes et dans les Psaumes.*"

Toute autre prière qui n'est pas de Dieu est sans effet devant lui, pour la simple raison qu'elle n'oblige pas Dieu à agir. Ensuite, Satan peut la bloquer parce qu'il bloque les anges que Dieu envoie sur la terre.

Cependant, les chrétiens commettent le péché de la désobéissance devant Dieu puisqu'ils ne respectent pas la Parole de Dieu. Donc pour prouver à Dieu de l'amour qu'il a pour vous, il faut nécessairement prier ses propres prières, c'est-à-dire prier Dieu avec ses écritures.

Enfin, les psaumes sont des armes spirituelles que l'Éternel a mis à la disposition de ses enfants pour combattre leurs ennemis.

II. L'AVERTISSEMENT

Avant de prier ces psaumes, il faut d'abord :

1. Faire une confession sincère à l'Éternel votre Dieu c'est-à-dire lui dire exactement ce que vous êtes.

Si vous visitez le monde des ténèbres alors vous devrait arrêter et rester totalement dans le monde de la lumière.

Ceci pour la raison que Dieu est lumière. Si vous recevez des téléphones ou des visions spirituelles sataniques, **vous devez arrêter cela immédiatement**.

2. Il ne faut jamais mentir à l'Éternel Dieu. Il voit vos pensées bien avant même que vous ne formuliez le désir de lui mentir. Si vous le faites expressément alors vous en tirerez des conséquences néfastes conformément aux commandements de Dieu.

3. Augmenter grandement votre foi en Dieu. Il faut penser que si je suis sincère envers Dieu, Dieu sera sincère envers moi. Si Dieu a délivré les personnes qui ont chanté et prié ses psaumes, il le fera pour moi aussi. S'il a guéri, parlé ou donné des visions à ses serviteurs, il le fera aussi pour moi.

4. Avant de communiquer avec Dieu, invoquez d'abord l'Esprit de Dieu sur vous. Vous pourrez prier le psaume 141 qui a été choisi à ce propos. Vous pouvez aussi prier d'autres psaumes autant que vous le voulez. N'oubliez jamais que quand vous priez Dieu avec sa parole, il ne la contournera jamais. **<u>Car sa parole est vérité</u>**.

5. Dans le cas d'une délivrance spirituelle, vous prierez en suivant l'ordre des prières c'est-à-dire du numéro 1 jusqu'au numéro 12. Ces prières ont été élaborées pour une délivrance totale. La raison est que nous sommes des pêcheurs et nos parents nous ont conçus dans le péché.

6. Le fait de prier les psaumes que j'ai choisis dans ce document, ne garantit pas la satisfaction complète de vos problèmes. Il faut y ajouter la foi qui joue un grand rôle dans la vie spirituelle.

7. La foi est la première clé qui accompagne la prière afin de communiquer avec l'Éternel Dieu. Sans la foi, toute prière est nulle et non avenue.

8. Il est préférable d'être précis dans ses demandes et de ne pas semer de confusion dans votre tête en demandant plusieurs choses à la fois.

Soyez précis et claire et surtout allez étape par étape.

9. Enfin, il faut savoir que ces prières ont été testées. Non seulement par moi, mais par d'autres personnes aussi. Le résultat est satisfaisant. Il en sera de même pour vous. Si vous êtes satisfait, n'hésitez pas à nous contacter pour des conseils supplémentaires à l'adresse suivante : papakapange.psalmiste@gmail.com (mes collaboratrices me transmettront vos messages).

1. Les conseils aux croyants

Quand vous priez et que vous n'avez pas la réponse à vos questions peut-être que :
1- vous priez mal
2- vos prières n'arrivent pas à Dieu qui vous a créé
3- vous êtes dans la désobéissance de la Parole de Dieu
Ces raisons peuvent expliquer pourquoi des malheurs vous arrivent, se poursuivent ou reviennent.

Les maladies vous attaquent et la mort vous frappe plus tôt que prévu. La faute revient à vous-même parce que vous priez autre chose que Dieu n'a pas agrée.

Il ne faut pas oublier que Satan a mis une barrière spirituelle entre les cieux et la terre.

Tout ce qui quitte les cieux pour la terre est bloqué et tout ce qui quitte la terre pour les cieux est bloqué.

Seule la Parole de Dieu, Satan ne peut pas la bloquer.

Voici la raison pour laquelle il faut prier Dieu avec sa Parole c'est-à-dire avec ses écritures.

2. Les conseils aux églises

Les expériences menées dans beaucoup d'églises m'obligent à conclure que des pasteurs des églises chrétiennes ont renversé le système des prières.

Aujourd'hui, certains pasteurs se basent beaucoup sur l'enseignement des évangiles et les prières sont complètement oubliées ou ignorées.

Les pasteurs devraient donner plus d'importance aux prières afin de permettre aux chrétiens de communiquer avec Dieu, de s'approcher de lui et d'acquérir auprès de lui la sagesse qui leur facilitera la compréhension de ses messages.

D'après les témoignages que nous entendons aujourd'hui, les pasteurs savent que Satan a fait et continue de faire des enfants avec les femmes des hommes.

Quelle est donc la mission de ses enfants sur cette terre ?

Leur mission est de détruire la Parole de Dieu. C'est la raison pour laquelle je suis amené à dire que 80 % des églises dans le monde sont de fausses églises.

Ainsi pour que des églises réelles se distinguent des fausses, il faut que ces églises prient des prières de Dieu (les psaumes) car aucun démon ne priera jamais les psaumes pour dire : «Éternel, *je t'invoque, viens en hâte auprès de moi. Prête l'oreille à ma voix quand je t'invoque.* » (Psaume 141)

Enfin, les pasteurs devraient se baser sur la mission que Jésus-Christ nous a confiée. (Matthieu 28 :19 et Marc 15 :16).

3. <u>Comment prier Dieu en vérité</u>

3.1. Connaître le nom réel de Dieu.

Pour prier Dieu en vérité, il faut d'abord connaître le nom de Dieu que vous devez prier, parce qu'il y a beaucoup de dieux. Le psaume 91 :14 dit : «*Puisqu'il m'aime, je le délivrerai, je le protégerai, puisqu'il connaît mon nom*». Cela veut bien dire que Dieu a un seul nom qu'il faut utiliser pour lui prier.

3.2. Le nom de Dieu qu'il faut prier

Le nom de Dieu nous a été donné par les prophètes. Ésaïe 42 :8 dit : «*Je suis l'Éternel, c'est là mon nom ; Et, je ne donnerai pas ma gloire à un autre, ni mon honneur aux idoles.*». Ésaïe 43 :11 dit «*c'est moi qui suis l'Éternel et hors moi, il n'y a point de sauveur.* ». Jérémie 33 :2 dit « *Ainsi parle l'Éternel qui fait ces choses. L'Éternel qui les conçoit et les exécuté. Lui dont le nom est l'Éternel.*».

3.3. Qu'est-ce que l'Éternel dit à propos de la prière ?

Jérémie 33 :3 dit : « *Invoque-moi, et je te répondrai ; je t'annoncerai de grandes choses, des choses cachées, Que tu ne connais pas.* ». Psaume 91 :15 dit : « *Il m'invoquera et je lui répondrai ; je serai avec lui dans la détresse, Je le délivrerai et je le glorifierai.* ». Romain 10 :13 dit : « *Car quiconque invoquera le nom du Seigneur sera sauvé* ». Le Psaume 145 :18 dit : « l'Éternel *est près de tous ceux qui l'invoquent. De tous ceux qui l'invoquent avec sincérité.* »

3.4. Comment prier l'Éternel ?

Bien avant de prier l'Éternel, il faut avant tout invoquer le nom de l'Éternel. Cela veut dire, qu'il faut appeler l'esprit de l'Éternel pour qu'il vienne écouter votre prière.

C'est par l'invocation qu'il faut communiquer avec Dieu. Sans une invocation, l'esprit de l'Éternel ne vient pas là où vous êtes et votre prière sera nulle.

C'est pourquoi, les chrétiens prient et ne trouvent par la réponse à leurs prières, parce qu'ils prient mal. Le Psaume 53 :2-5 dit que ce sont les insensés qui n'invoquent pas Dieu.

3.5. Quelles prières faut-il prier ?

Prier Dieu avec des prières spirituelles, cela veut dire des prières qui rappellent à Dieu sa parole et dont les écritures s'accomplissent.

Ces prières sont des psaumes, des hymnes et des cantiques spirituels qui nous ont été recommandés par Jésus Christ et ses apôtres. Il s'agit là, de Luc 24 :44 ; Éphésien 5 :19 ; Colossien 3 :16 ; Jacques 5 :13 ; Psaume 69 :31-32 pour ne citer que ceux-là.

4. Le jeûne et la prière

4.1. A savoir d'abord

Le jeûne est un acte de foi qui sert à se priver de nourriture et de boisson pendant un temps. C'est donc un signe d'humiliation, de tristesse, de deuil ou de l'affliction de l'âme en vue de s'approcher de Dieu dans un esprit humble et pur de cœur.

C'est donc un combat physique et spirituel contre les mauvais esprits dont il faut se préparer conformément à l'évangile de Matthieu 6 :16-18.

Pendant le jeûne et la prière, il faut éliminer les liens de la méchanceté et faire plaisir à Dieu avec un amour très profond.

4.2. Les bienfaits

Le jeûne et la prière nous amènent à penser au retour ici sur la terre de notre Seigneur Jésus-Christ (Matthieu 9 :14-15) et à servir notre Dieu (Luc 2 : 36).

C'est par cet acte que nous nous humilions devant Dieu par la repentance de nos péchés et par lequel nous recevons l'esprit de la révélation (Daniel 10).

Le jeûne et la prière nous aident à augmenter notre foi et aussi à éviter une destruction imminente qui pourrait survenir dans votre vie (Esther 4 :16).

C'est par le jeûne et la prière que l'on peut arriver à chasser les démons (Matthieu 17 : 21) car certains démons ne peuvent quitter le corps que par le jeûne et la prière.

Cet acte spirituel devient une nécessité de solliciter une protection auprès de Dieu bien avant d'entreprendre un voyage ou de demander une bénédiction de Dieu pour ses entreprises.

4.3. Les promesses de Dieu

Les promesses qu'on peut recevoir après le jeûne et la prière sont très nombreuses.

Ésaïe 58 (Le vrai jeûne), donne le détail sur les promesses que Dieu réserve à toi l'homme qui jeûne et prie « *voici ta lumière poindra comme l'aurore ; ta guérison germera promptement ; Ta justice marchera devant toi, Et la gloire de l'Éternel t'accompagnera.* », « *Alors, tu appelleras, et il répondra ; Tu crieras, et il dira : Me voici !* », « *Si tu rassasies l'âme indigente, Ta lumière se lèvera sur l'obscurité, Et tes ténèbres seront comme le midi.* », « l'Éternel *sera toujours ton guide, Il rassasiera ton âme. Il donnera de la vigueur à tes membres et on t'appellera réparateur des brèches.* ».

4.4. Mise en garde

Jérémie 14 : 10 à 12 dit que Dieu n'écoute pas les supplications de ceux qui jeûnent sans purifier au préalable leur cœur.

C'est pourquoi il est important de demander d'abord l'autorisation de jeûner à l'Éternel par une prière de repentance et de supplication.

Sans cette faveur de l'Éternel, votre prière sera une abomination devant lui et elle risquera de vous créer des conséquences désastreuses car l'Éternel n'est pas un Dieu qui prenne plaisir au mal. Le méchant n'a pas sa demeure auprès de lui, les insensés ne subsistent pas devant ses yeux et il hait tous ceux qui commettent l'iniquité et il fait périr les menteurs (Psaume 5).

IV. LE TÉMOIGNAGE DE LA BIBLE

Appel : Je crois en la Bible

C'est la Parole de Dieu. Dieu a juré sur sa parole. Jésus-Christ a juré pour moi. Il est mort pour moi en rémission de mes péchés. Mais, aujourd'hui, je déclare devant Jésus-Christ que je ne reculerai jamais jusqu'à la fin de ma vie et toujours avec Jésus-Christ mon Seigneur et mon Sauveur. AMEN.

V. LES REMERCIEMENTS

C'est pour moi un grand honneur de venir auprès de vous avec ce livre de prières et je tiens à remercier tous les lecteurs.

Ensuite, mes remerciements s'étendent aux frères et sœurs qui ont de loin ou de près contribué à l'édification de cet ouvrage et enfin à la maison d'édition qui m'aide à propager la Parole de Dieu auprès de tous nos frères et sœurs.

Papa KAPANGE

CHAPITRE 1. INTRODUCTION

Les prières qui sont dans ce livre proviennent des écritures bibliques.

Elles constituent pour nous la parole de l'Éternel Dieu, le créateur du ciel, de la terre et de l'homme à son image.

Jérémie au chapitre 33 :2, nous donne le nom de l'Éternel comme étant le Dieu de la prière qui conçoit et qui exécute toute chose. Ésaïe 42 :8 " *Je suis l'Éternel, c'est là mon nom*".

Louis SEGOND dans la Sainte Bible et précisément à l'introduction au livre des Psaumes nous dit que «ce livre des Psaumes et une petite bible qu'on a mise dans la grande».

Ensuite, il dit que le psautier est le recueil de prières d'Israël et de tous les fidèles à travers l'histoire.

Chaque psaume reste d'actualité et actualisable pour tous ceux qui, en toutes circonstances, cherchent le secours de l'Éternel.

Jésus-Christ, dans Luc chapitre 24 :44 nous dit que tout ce qui est parlé de lui dans la loi de Moïse, dans les prophètes et dans les Psaumes, cela doit s'accomplir.

C'est donc cette parole de Jésus-Christ qui constitue pour nous la base de la création de ce livre des prières de psaumes.

Elle augmente en nous la foi. Elle nous donne l'espoir et l'espérance et surtout elle nous oblige de prier Dieu selon ses écritures afin de rester dans l'obéissance de sa parole.

Donc, pour prier Dieu en vérité, il faut respecter 2 Chroniques 7 :14 qui nous recommande :

1. d'invoquer l'Éternel Dieu d'abord
2. de s'humilier devant lui
3. de le prier
4. de se détourner de ses péchés
Et en retour, Dieu vous exaucera, vous pardonnera vos péchés et vous guérira.

Ce livre de prières est subdivisé en chapitres. Ils nous permettront de comprendre et de savoir la manière donc il faut prier Dieu normalement et selon sa Vérité.

Tout d'abord vous avez les appels d'invocation à l'Éternel. Dans ce chapitre, l'Éternel dit dans Jérémie 33 :3 " *invoque-moi et je te répondrai ; je t'annoncerai de grandes choses, des choses cachées, que tu ne connais pas.*".

Donc, ceci nous montre que pour prier, il faut invoquer l'Éternel.

Le chapitre suivant, vous présentera des prières d'introduction c'est-à-dire les prières journalières du chrétien qu'il faut prier à tout moment.

Ces prières augmentent la foi, sollicite la protection et la repentance des péchés.

Après ces prières, il y a un chapitre de prières proprement dites c'est-à-dire les prières pour des cas spécifiques, tels que la restauration des âmes, la communion avec Dieu, la délivrance, l'exorcisme etc.

À cet effet et pour faciliter la compréhension des prières, un chapitre sur la logique et le raisonnement des prières a été prévu. Il vous permettra de comprendre le sens des prières que vous avez faites à Dieu.

Enfin, vient le chapitre de mon témoignage par lequel je vous expliquerai la manière dont j'ai eu toutes ces révélations.

Un CD avait été prévu pour montrer aux chrétiens la manière dont il faut prier naturellement les psaumes en les chantant, verset par verset. Si vous n'avez pas de lecteur CD, vous pourrez m'envoyer un mail et un lien vous sera adresser pour écouter les psaumes chantés en ligne.

S'il s'avère que vous avez la possibilité de mettre des instruments, n'hésitez pas de le faire.

Et pour terminer ce livre de prières, je profite de cette occasion pour invoquer l'esprit de notre Seigneur et Sauveur Jésus-Christ de bien vouloir bénir tout lecteur de ce livre au nom du Père, du Fils et du Saint-Esprit. AMEN.

2.1. A Savoir avant tout

Pour communiquer avec une personne à longue distance, nous commençons d'abord par l'appeler. Nous voyons bien entendu cette habitude avec beaucoup de croyants qui appellent leur dieu avant de le prier.

Même les non-croyants, exemple des féticheurs qui invoquent leurs ancêtres avant de leur parler.

Cette habitude manque chez beaucoup de chrétiens qui prient Dieu sans l'invoquer auparavant. Certains chrétiens ne connaissent pas le nom de Dieu qu'ils prient ou qu'ils doivent invoquer.

Jérémie 33 verset 1, 2, 3 et 4 nous dit :" *la parole de l'Éternel fut adressée à Jérémie une seconde fois en ces mots, pendant qu'il était encore enfermé dans la cour de la prison ;*
2 : " ainsi parle l'Éternel, qui fait ces choses, l'Éternel, qui les conçoit et les exécute, lui, dont le nom est L'Éternel ;
3 : " invoque-moi et je te répondrai. Je t'annoncerai de grandes choses, des choses cachées, que tu ne connais pas.
4 : " car ainsi parle l'Éternel, le Dieu d'Israël".

Ésaïe 42 :8, Dieu dévoile son nom et dit : " *je suis l'Éternel, c'est là mon nom...*"

Au 43 :11 Dieu dit : " *c'est moi, moi qui suis l'Éternel et hors moi, il n'y a point de sauveur.*".

Au 44 (dans le titre), Ésaïe dit que «L'Éternel *est le seul Dieu*» et au 44 :6 Dieu dit :" *je suis le premier et je suis le dernier et hors moi, il n'y a point de Dieu*".

Voilà, le nom de Dieu de la prière, le Dieu qui nous a donné sa parole et que nous devons prier.

2.2. Les appels proprement dits

2.2.1. La provenance des appels

Les appels proviennent des versets tirés des psaumes et ils ne peuvent pas constituer une liste définitive.

En priant régulièrement des psaumes, vous arriverez à formuler d'autres appels.

Comme je l'ai précédemment indiqué, il faut prier Dieu avec ses écritures en lui rappelant sa Parole.

Ainsi vous restez dans l'obéissance de la Parole de Dieu. A défaut, vous commettez le péché de la désobéissance de la Parole de Dieu.

En d'autres termes, il faut prier Dieu par son image, par le corps, par l'âme et par l'esprit. <u>Si le corps prie et que l'âme ne prie pas, la prière est nulle.</u>

Cependant, il faut savoir que l'âme qui a péché ne verra pas la face de Dieu (Ézéchiel 18 :4).

Jésus-Christ nous a dit : *"ce n'est pas tous ceux qui disent Seigneur, Seigneur qui entreront dans le royaume des cieux mais plutôt ceux qui font la volonté de mon père."* (Matthieu 7 :21).

2.2.2. Les appels d'invocation et de supplication

- **Prière d'invocation**

<u>Appel</u> : Éternel, je t'invoque

<u>1 Refrain</u>
Viens en hâte auprès de moi quand je t'invoque Éternel

<u>Appel</u> : Jésus-Christ, je t'invoque

<u>2 Refrain</u>
Viens en hâte auprès de moi quand je t'invoque Jésus-Christ

<u>Appel</u> : Saint-Esprit, je t'invoque

<u>3Refrain</u>
Viens en hâte auprès de moi quand je t'invoque Saint-Esprit.

- **Prière de supplication**

Appel : Et moi qui suis-je Éternel

1 Refrain :
Éternel auprès de toi, qui suis-je Éternel, mon Dieu je suis pécheur (x2)

1° couplet :
Éternel tu m'as créé à ton image, tu m'as donné le pouvoir de remplir la terre,
Éternel, Satan est devenu contre moi, il a détruit l'amour que tu avais pour moi

Appel : Et moi qui suis-je Éternel

2 Refrain :
Éternel auprès de toi, qui suis-je Éternel, mon Dieu je suis pécheur (x2)

2° couplet :
Éternel, Jésus est venu sur la terre, il a payé la dette que j'avais pour toi
Il a rétabli l'amour que tu avais pour moi et il m'a donné le pouvoir de chasser
Satan

Appel : Et moi qui suis-je Éternel

3 Refrain :
Éternel auprès de toi, qui suis-je Éternel, mon Dieu je suis pécheur (x2)

3° couplet :
Éternel, Jésus est mort sur la croix, il a accompli la mission que tu lui avais donnée
Il a versé son sang à cause de moi et il m'a donné la mission de servir le monde

Appel : Et moi qui suis-je Éternel

4 Refrain :
Éternel auprès de toi, qui suis-je Éternel, mon Dieu je suis pécheur (x2)

2.2.3. La liste des appels d'invocation

Psaume 141 : Éternel ! Je t'invoque Ô Viens en hâte auprès de moi ! Prête l'oreille à ma voix, quand je t'invoque Seigneur ! Que ma prière soit devant ta face comme l'encens, Et mes mains sont tendues comme l'offrande du soir ! Mes mains sont tendues comme l'offrande du soir.

Psaume 30 : Du fond de l'abîme je t'invoque, ô Éternel ! Seigneur, écoute ma voix ! Que tes oreilles soient attentives à la voix de mes supplications ! Si tu gardais le souvenir de mes iniquités, Éternel, Seigneur, qui pourrait subsister ?

Psaume 28 : Éternel ! C'est à toi que je crie. Mon rocher ! Ne reste pas sourd à ma voix, de peur que, si tu t'éloignes sans me répondre, je ne sois semblable à ceux qui descendent dans la tombe.

Psaume 27 : l'Éternel est ma lumière. L'Éternel est mon salut et de qui aurais-je crainte ? L'Éternel est le soutien de ma vie, de qui aurais-je peur ? De qui aurai-je peur ?

Psaume 51 : Ô Dieu ! Aie pitié de moi dans ta bonté et selon ta grande miséricorde, efface mes transgressions. Lave-moi complètement de mon iniquité, et purifie-moi de mon péché, car, je reconnais mes transgressions, et mon péché est constamment devant moi.

Psaume 61 : Ô Dieu ! Écoute mes cris, sois attentif à ma prière ! Du bout de la terre je crie à toi et, mon cœur est abattu. Conduis-moi sur le rocher que je ne puis atteindre. Car tu es pour moi un refuge, une tour forte, en face de l'ennemi.

Psaume 4 : Éternel, quand je crie, réponds-moi, Dieu de ma justice ! Quand je suis dans la détresse, sauve-moi ! Éternel, aie pitié de moi, écoute ma prière !

Psaume 62 : Oui, c'est en Dieu que mon âme se confie. De lui vient mon salut. Oui, c'est bien lui, qui est mon rocher et mon salut. Ma haute retraite. Je ne chancellerai jamais.

Psaume 25 : Éternel ! J'élève à toi mon âme, mon Dieu. En toi, je me confie, que je ne sois pas couvert de honte ! Que mes ennemis ne se réjouissent pas à mon sujet. Tous ceux qui espèrent en toi ne sont point confondus ; ceux-là seront confondus qui sont infidèles sans cause. (×2).

Psaume 64 : Ô mon Dieu, écoute ma voix, quand je gémis ! Protège ma vie, contre l'ennemi que je crains ! Garantis-moi des complots des méchants, de la troupe bruyante des hommes iniques ! Ô mon Dieu ô garantis-moi

Psaume 6 : Éternel ! Ne me punis pas dans ta colère et ne me châtie pas dans ta fureur. Aie pitié de moi Éternel ! Car je suis sans force, guéris-moi, Éternel ! Car mes os sont tremblants. Mon âme est toute troublée ; Et toi, Éternel ! Jusqu'à quand ? Reviens, Éternel ! Mon Dieu ô.

Psaume 88 : Éternel ! Dieu de mon salut. Je crie jour et nuit devant toi. Que ma prière parvienne à ta présence. Prête l'oreille à mes supplications.

Psaume 143 : Éternel ! Écoute ma prière, prête l'oreille à mes supplications. Exauce-moi, Seigneur dans ta fidélité est dans ta justice. N'entre pas en jugement avec ton serviteur. Car aucun vivant n'est juste devant toi.

Notre Père (Matthieu 6 : 9-13) : « *Notre Père qui est aux cieux, Que ton nom soit sanctifié, que ton règne vienne, que ta volonté soit faite sur la terre comme au ciel. Donne-nous aujourd'hui notre pain quotidien, pardonne-nous nos offenses comme nous aussi nous pardonnons à ceux qui nous ont offensés ; ne nous induis pas en tentation, mais délivre-nous du malin ; Car c'est à toi qu'appartiennent, dans tous les siècles, le règne, la puissance et la gloire. Amen !* »

3.1. <u>Le choix de prières</u>

Les prières ont été choisies par Papa KAPANGE en vue de permettre aux enfants de Dieu d'être en communication régulière avec leur père spirituel. D'abord de bénéficier de ses biens et de la protection suffisante. Ensuite de demander la repentance des péchés.

<u>Le matin</u> : c'est la prière 23 (psaume 23) pour demander de l'abondance de la nourriture et de la protection puisque lorsqu'on sort de sa maison, on ne sait pas si on va y retourner le soir.

<u>Le soir</u> : c'est le psaume 91 pour demander la protection toute suffisante de Dieu. Puisque lorsqu'on dort, on ne sait pas si on va se réveiller le matin.
En plus, c'est pour combattre les cauchemars et résister contre les «maris de nuit».

<u>La fin de la semaine</u> : c'est le psaume 51 pour solliciter la repentance de péchés que nous avons commis depuis nos parents et nos péchés que nous commettons d'une façon ou d'une autre.

3.2. <u>Le psaumes 23</u>

Éternel je t'invoque vient écouter ma prière

L'Éternel est mon berger : je ne manquerai de rien.
Il me fait reposer dans de verts pâturages, Il me dirige près des eaux paisibles.
Il restaure mon âme, Il me conduit das les sentiers de la justice, A cause de son nom.
Quand je marche dans la vallée de l'ombre de la mort, Je ne crains aucun mal, car tu es avec moi : Ta houlette et ton bâton me rassurent.
Tu dresses devant moi une table, En face de mes adversaires ; Tu oins d'huile ma tête, Et ma coupe déborde.
Oui, le bonheur et la grâce m'accompagneront tous les jours de ma vie, Et j'habiterai dans la maison de l'Éternel jusqu'à la fin de mes jours.

3.3. <u>Le psaume 91</u>

Éternel je t'invoque vient écouter ma prière

Celui qui demeure sous l'abri du Très-Haut
Repose à l'ombre du Tout-Puissant.
Je dis à l'Éternel : Mon refuge et ma forteresse, Mon Dieu en qui je me confie !
Car c'est lui qui te délivre du filet de l'oiseleur, De la peste et de ses ravages.
Il te couvrira de ses plumes, Et tu trouveras un refuge sous ses ailes ; Sa fidélité est un bouclier et une cuirasse.
Tu ne craindras ni les terreurs de la nuit, Ni la flèche qui vole de jour, Ni la peste qui marche dans les ténèbres, Ni la contagion qui frappe en plein midi.
Que mille tombent à ton côté, Et dix mille à ta droite, Tu ne seras pas atteint ; De tes yeux seulement tu regarderas, Et tu verras la rétribution des méchants.
Car tu es mon refuge, ô Éternel !
Tu fais du Très-Haut ta retraite.
Aucun malheur ne t'arrivera, Aucun fléau n'approchera de ta tente.
Car il ordonnera à ses anges de te garder dans toutes tes voies ; Ils te porteront sur les mains, De peur que ton pied ne heurte contre une pierre.
Tu marcheras sur le lion et sur l'aspic, Tu fouleras le lionceau et le dragon.
Puisqu'il m'aime, je le délivrerai ; je le protégerai, puisqu'il connaît mon nom.
Il m'invoquera, et je lui répondrai ; je serai avec lui dans la détresse, Je le délivrerai et je le glorifierai.
Je le rassasierai de longs jours, Et je lui ferai voir mon salut.

3.4. <u>Le psaume 51</u>

Éternel je t'invoque vient écouter ma prière

O Dieu ! Aie pitié de moi dans ta bonté ; Selon ta grande miséricorde, efface mes transgressions ; Lave-moi complètement de mon iniquité, Et purifie-moi de mon péché.
Car je reconnais mes transgressions, Et mon péché est constamment devant, moi.
j'ai péché contre toi seul, Et j'ai fait ce qui est mal à tes yeux, En sorte que tu seras juste dans ta sentence, Sans reproche dans ton jugement.
Voici, je suis né dans l'iniquité, Et ma mère m'a conçu dans le péché.
Mais tu veux que la vérité soit au fond du cœur : Fais donc pénétrer la sagesse au-dedans de moi !
Purifie-moi avec l'hysope,et je serai pur ; Lave-moi, et je serai plus blanc que la neige.

Annonce-moi l'allégresse et la joie, Et les os que tu as brisés se réjouiront.

Détourne ton regard de me péchés, Efface toutes mes iniquités.

O Dieu ! Crée en moi un cœur pur, Renouvelle en moi un esprit bien disposé.

Ne me rejette pas loin de ta face, Ne me retire pas ton esprit sain.

Rends-moi la joie de ton salut, Et qu'un esprit de bonne volonté me soutienne !

J'enseignerai tes voies à ceux qui les transgressent, Et les pécheurs reviendront à toi.

O Dieu, Dieu de mon salut ! Délivre-moi du sang versé, Et ma langue célébrera ta miséricorde.

Seigneur ! Ouvre mes lèvres, Et ma bouche publiera ta louange.

Si tu eusses voulu des sacrifices, je t'en aurais offert ; Mais tu ne prends point plaisir aux holocaustes.

Les sacrifices qui sont agréables à Dieu, c'est un esprit brisé : O Dieu ! Tu ne dédaignes pas un cœur brisé et contrit.

Répands par ta grâce tes bienfaits sur Sion, Bâtis les murs de Jérusalem !

Alors tu agréeras des sacrifices de justice, Des holocaustes et des victimes tout entières ; Alors on offrira des taureaux sur ton autel.

Il est dit dans le 1 Corinthiens, chapitre 6 au verset 19 que votre corps est le temple du Saint-Esprit qui est en vous… et le chapitre 3, verset 16, vous rappelle que vous êtes le temple de Dieu et que l'Esprit de Dieu habite en vous.

Ceci veut dire que votre corps est bel et bien la maison de Dieu. Cependant il faudra y prendre soin en conformité avec le 1 Corinthiens, chapitre 6 au verset 17.

Le manque de soin hygiénique dans votre maison fait appel à des poussières, des insectes, des souris voire même des serpents. Ceci spirituellement démontre que le manque de connaissance de la Parole de Dieu tel que le prophète Osée au chapitre 4, verset 6 nous a écrit, peut facilement faire appel à de mauvais esprits de venir se réfugier en vous.

Comme conséquence, c'est l'apparition de plusieurs attaques démoniaques qui seront précurseurs des maladies et de la mort prématurée.

Voici les raisons pour lesquelles les apôtres de Jésus-Christ nous ont recommandé de nous entretenir avec des psaumes.

D'abord c'est l'apôtre Paul dans sa lettre écrite au peuple Éphésien, chapitre 5 au verset 19. Il dit : « ***entretenez-vous par des psaumes***, *par des hymnes, et par des cantiques spirituels, chantant et célébrant de tout votre cœur les louanges du Seigneur* ».

Pourquoi, nous avoir recommandé des psaumes ?

C'est parce que dans l'évangile selon Luc, au chapitre 24, verset 44, Jésus-Christ nous dit que : « *C'est là ce que je vous disais lorsque j'étais encore avec vous, qu'il fallait que s'accomplît tout ce qui est écrit de moi dans la loi de Moïse, dans les prophètes,* ***et dans les psaumes****.* ».

L'apôtre Paul, pour la 2ème fois, nous recommande dans l'épître aux Colossiens, chapitre 3 au verset 16 : « *Que la parole de Christ habite parmi vous abondamment ; instruisez-vous et exhortez-vous les uns les autres en toute sagesse,* ***par des psaumes****, par des hymnes, par des cantiques spirituels, chantant à Dieu dans vos cœurs sous l'inspiration de la grâce.* ».

Enfin, l'apôtre Jacques le recommande aux malades dans son chapitre 5 au verset 13 : « *Quelqu'un parmi vous est-il dans la souffrance ? Qu'il prie. Quelqu'un est-il dans la joie ?* ***Qu'il chante des cantiques****.* ».

4.1. L'introduction à la délivrance

Par définition, la délivrance est un acte de sauver une personne d'un danger c'est-à-dire de la secourir physiquement.

La délivrance sur le plan spirituel est un nettoyage du corps d'un mauvais esprit qui le tourmente.

Donc seul l'Éternel, en Jésus-Christ notre Seigneur et Sauveur, possède ce pouvoir de sauver toute personne qui l'invoque (Romains 10 : 13 et Actes 2 : 21).

La délivrance, pour moi, est l'acte de chasser spirituellement du corps d'un homme une maladie ou un mauvais esprit qui tourmente la personne.

En tenant compte du fait que notre corps est le temple du Saint-Esprit, Dieu nous met en garde au 1 Corinthiens chapitre 3, verset 17 : « *Si quelqu'un détruit le temple de Dieu, Dieu le détruira ; car le temple de Dieu est saint, et c'est ce que vous êtes.* ».

Ainsi, pour ne pas détruire le temple que vous êtes, il faut entretenir votre corps avec des soins d'hygiène et avec des soins spirituels.

Le manque d'un de ces soins vous amène des maladies.

Voici la raison pour laquelle l'Éternel Dieu nous a donné des prières qui sont des armes spirituelles (Éphésiens 6 : 10 à 18) afin de combattre nos ennemis.

C'est pourquoi les 12 prières du livre des psaumes, pour la délivrance, ont été sélectionnées et recommandées aux chrétiens en vue de les prier et de jouir de la délivrance progressive et pacifique de l'Éternel notre Dieu.

4.2. La délivrance proprement dite

Comme je l'ai déjà dit, pour moi la délivrance est l'acte de chasser spirituellement du corps d'un homme une maladie ou un mauvais esprit qui tourmente la personne.

Si Dieu nous a donné plusieurs prières de délivrance dans la Bible, c'est que lui seul peut nous délivrer des mauvais esprits qui nous attaquent à tout moment (Psaume 91 : 14-15).

Grâce au pouvoir que Jésus-Christ nous a donné, aujourd'hui les hommes arrivent à délivrer les autres.

C'est pourquoi il faut vraiment être un serviteur de Dieu et avoir l'autorisation de Jésus-Christ pour le faire (Marc chapitre 16 :17-18).

Cependant, l'intercesseur doit beaucoup prier et si cela est possible il doit jeûner pour enfin acquérir les pouvoirs spirituels qui lui permettront d'effectuer une délivrance.

4.3. La confession

4.3.1. À savoir avant tout

La confession est une reconnaissance du mal que le croyant fait personnellement à son bon Dieu. C'est par la confession que le chrétien demande à l'Éternel le pardon de ses péchés.

Cependant la confession doit être réelle et véridique devant l'Éternel et son fils Jésus-Christ.

Il faut vraiment être honnête avec eux pour qu'ils vous oublient complètement et définitivement.

Il faut savoir qu'une confession qui est tâchée de mensonges est nulle et non avenue devant l'Éternel Dieu car il hait les menteurs jusqu'à la mort (Psaume 5 :7).

Pour bénéficier des biens de Dieu il faut que votre confession soit sincère devant lui. Il ne faut jamais oublier que l'Éternel voit votre cœur et il vous connaît bien avant même que vous soyez né. Alors à quoi bon Lui mentir ?

C'est pourquoi dans ces prières la seule condition pour jouir de la protection de Dieu et des autres dons qui en suivent est de faire une confession sincère à Jésus-Christ sinon c'est un échec et vous perdez votre temps.

4.3.2. La confession proprement dite

Dans le cadre de la délivrance ou de l'exorcisme, l'intercesseur doit exiger une confession sincère auprès des malades.

Puisque Jésus-Christ est Lumière, le malade doit renoncer à toutes les pratiques sataniques et rechercher la Lumière.

Ainsi, si le malade pratique ou pratiquait de la sorcellerie, il doit renoncer à cela et doit devenir la lumière à 100 %.

Il doit renoncer à la débauche et à l'ivrognerie. Il doit renoncer au mensonge et à la fornication. **En bref tous les péchés possibles**.

À la fin, le malade doit mettre sa main sur la Bible et dire ceci :« Je crois à la Bible c'est la Parole de Dieu. Dieu a juré sur sa Parole et Jésus-Christ a juré pour moi. Il est mort pour moi en rémission de mes péchés. C'est pourquoi je crie à Jésus-Christ et je dis Seigneur, pour tout ce que tu fais pour moi, je ne reculerai jamais jusqu'à la fin de ma vie et toujours avec toi Jésus-Christ mon Seigneur et Sauveur AMEN. ».

4.4. <u>Les prières proprement dites</u>

4.4.1 A savoir avant tout

Les prières ci-après doivent être priées dans l'ordre et non dans le désordre. C'est-à-dire en sautant certaines prières et revenir sur elles après.

Ces prières ont été numérotées dans l'ordre afin de les prier avec une logique.

Il ne faut pas oublier que dans Luc 24 :44 Jésus-Christ nous dit que : « *C'est là ce que je vous disais lorsque j'étais encore avec vous, qu'il fallait que s'accomplit tout ce qui est écrit de moi dans la loi de Moïse, dans les prophètes, et dans les psaumes.* ».

Donc quand vous priez les psaumes, vous demandez à Dieu d'accomplir sa Parole en vous. C'est-à-dire que vous rappelez à Dieu ses écritures afin que tout ce que vous avez demandé puisse s'accomplir en vous.

La Parole de Dieu étant une vérité alors Dieu ne contournera jamais sa Parole.

4.4.2 Les prières des psaumes

Le choix des prières ci-après a été fait sur la base d'une méditation profonde accompagner de prières à l'Éternel en vue de solliciter auprès de lui la grâce pour toute personne qui priera ses psaumes.

Louis SEGOND dans la Bible nous rappelle que chaque psaume est actualisable pour tous ceux qui en toute circonstance cherchent le secours de l'Éternel.

Dans le livre de Jean 16 :24, Jésus-Christ dit : « *Jusqu'à présent vous n'avez rien demandé en mon nom. Demandez, et vous recevrez, afin que votre joie soit parfaite* ».

C'est la raison pour laquelle il faut prier ces psaumes dans la logique de ces prières sans intervertir l'ordre.

Les Écritures s'accompliront et votre joie sera grande.

Les psaumes sont des prières qui ont une référence biblique. Toute autre prière sans la référence biblique n'aura pas d'efficacité devant Dieu.

1   Psaume 1 : Deux hommes, deux voies, deux destinées

2   Psaume 141 : Prière pour être délivré des hommes violents

3   Psaume 143 : Prière pour la délivrance

4   Psaume 26 : Prière du juste persécuté

5   Psaume 51 : La repentance

6   Psaume 6 : Appel à la miséricorde divine

7   Psaume 25 : Recherche des voies et du pardon de Dieu

8   Psaume 140 : Prière pour être protégé des persécuteurs

9   Psaume 62 : Dieu, le Seul refuge

10 Psaume 91 : Protection toute suffisante de Dieu

11 Psaume 57 : Confiance dans la difficulté

12 Psaume 32 : Le bonheur du pécheur pardonné

4.5 Les psaumes chantés

4.5.1 Introduction à la prière des psaumes chantés

La Sainte Bible nous dit que quand nous prions les mauvais esprits tremblent et quand nous prions en chantant les esprits mauvais prennent la fuite.

Personnellement quand j'ai commencé à chanter les psaumes, j'ai tout de suite remarqué qu'il y a trois tonalités de mélodie qui me viennent en tête.

Il y a un ton d'appel, un ton de couplet et un ton de refrain.

Donc l'appel peut être fait par celui qui dirige la chorale ou par le pasteur ou une autre personne qui dirige l'assemblée.

Le couplet peut être chanté par un groupe de personnes ou par toute la chorale dans le cas où le refrain n'existe pas.

Enfin, le refrain est la répétition du même verset après chaque couplet.

4.5.2. L'Intercession

Après avoir prié, il faut intercéder auprès de Dieu dans le sens de la logique de la prière que vous avez priée. L'intercession se fait à haute voix en présentant toutes vos doléances, vos plaintes et vos difficultés.

Dans le cas de maladie, il faut chasser les démons par le pouvoir que Jésus-Christ nous a donné dans l'Évangile de Marc, chapitre 16 versets 17 et 18.

Cependant, il faut utiliser le nom de Jésus-Christ ou le sang de Jésus-Christ pour pouvoir les chasser.

Dans le même sens, vous pouvez utiliser le feu du Saint-Esprit pour chasser du corps qui est le temple du Saint-Esprit.

Dans l'intercession, il faut toujours utiliser une voix autoritaire pour commander les démons de libérer le corps.

1. <u>Psaume 1 : Deux hommes, deux voies, deux destinées</u>

<u>1 Refrain :</u>

Deux hommes, deux voies, deux destinées
Deux hommes, deux voies, deux destinées (x2)

<u>1 Couplet :</u>

Heureux l'homme qui ne marche pas selon le conseil des méchants, qui ne s'arrête pas sur la voie des pécheurs, Et qui ne s'assied pas en compagnie des moqueurs, Mais qui trouve son plaisir dans la loi de l'Éternel, et qui la médite jour et nuit ! Il est comme un arbre planté près d'un courant d'eau, qui donne son fruit en sa saison, et dont le feuillage ne se flétrit point : Tout ce qu'il fait lui réussit.

<u>2 Refrain :</u>

Deux hommes, deux voies, deux destinées
Deux hommes, deux voies, deux destinées (x2)

<u>2 Couplet :</u>

Il n'en est pas ainsi des méchants : Ils sont comme la paille que le vent dissipe.

C'est pourquoi les méchants ne résistent pas au jour du jugement, ni les pécheurs dans l'assemblée des justes ;

Car l'Éternel connaît la voie des justes, et la voie des pécheurs mène à la ruine.

(intercédez à la fin de la prière)

2. <u>Psaume 141 : Prière pour être délivré des hommes violents</u>

<u>L'appel :</u>

Éternel, je t'invoque : Viens en hâte auprès de moi !
Prête l'oreille à ma voix, quand je t'invoque ! Seigneur,
Que ma prière soit devant ta face comme l'encens, et mes mains sont tendues comme l'offrande du soir !

<u>1. Couplet :</u>

Éternel, mets une garde à ma bouche, veille sur la porte de mes lèvres !

N'entraîne pas mon cœur à des choses mauvaises, à des actions coupables avec les hommes qui font le mal, et que je ne prenne aucune part à leurs festins !

Que le juste me frappe, c'est une faveur ; qu'il me châtie, c'est de l'huile sur ma tête :

Ma tête ne se détournera pas ; mais de nouveau ma prière s'élèvera contre leur méchanceté.

Que leurs juges soient précipités le long des rochers, et l'on écoutera mes paroles, car elles sont agréables.

Comme quand on laboure et qu'on fend la terre, ainsi nos os sont dispersés à l'entrée du séjour des morts.

C'est vers toi, Éternel, Seigneur ! Que se tournent mes yeux, c'est auprès de toi que je cherche un refuge :

N'abandonne pas mon âme ! Garantis-moi du piège qu'ils me tendent, et des embûches de ceux qui font le mal !

Que les méchants tombent dans leurs filets, et que j'échappe en même temps !

3. <u>Psaume 143 : Prière pour la délivrance</u>

<u>L'appel :</u>

Éternel ! J'étends mes mains vers toi ;
Mon âme soupire après toi, comme une terre desséchée.
Hâte-toi de m'exaucer.

<u>1. Couplet :</u>

Éternel, écoute ma prière, prête l'oreille à mes supplications ! Exauce-moi dans ta fidélité, dans ta justice !
N'entre pas en jugement avec ton serviteur ! Car aucun vivant n'est juste devant toi.
L'ennemi poursuit mon âme, il foule à terre ma vie ; il me fait habiter dans les ténèbres, comme ceux qui sont morts depuis longtemps.
Mon esprit est abattu au-dedans de moi, mon cœur est troublé dans mon sein.
Je me souviens des jours d'autrefois, je médite sur toutes tes œuvres, je réfléchis sur l'ouvrage de tes mains.

<u>1. Refrain :</u>

J'étends mes mains vers toi ; mon âme soupire après toi, comme une terre desséchée.
Hâte-toi de m'exaucer, ô Éternel ! Mon esprit se consume. Ne me cache pas ta face ! Je serai semblable à ceux qui descendent dans la fosse.

<u>2. Couplet :</u>

Éternel ! Fais-moi dès le matin entendre ta bonté !
Car je me confie en toi. Fais-moi connaître le chemin où je dois marcher !
Car j'élève à toi mon âme.
Délivre-moi de mes ennemis, ô Éternel ! Auprès de toi je cherche un refuge.
Enseigne-moi à faire ta volonté ! Car tu es mon Dieu.
Que ton bon esprit me conduise sur la voie droite !
À cause de ton nom, Éternel, rends-moi la vie ! Dans ta justice, retire mon âme de la détresse !
Dans ta bonté, réduit au silence mes ennemis, et fait périr tous les oppresseurs de mon âme ! Car je suis ton serviteur.

4. <u>Psaume 26 : Prière du juste persécuté</u>

1. <u>Refrain</u> :

Rends-moi justice, Éternel !
Car je marche dans l'intégrité, je me confie en l'Éternel, je ne chancelle pas. (x 2)

1. <u>Couplet</u> :

**Sonde-moi, Éternel ! Éprouve-moi, fais passer au creuset mes reins et mon cœur ;
car ta grâce est devant mes yeux, et je marche dans ta vérité.
Je ne m'assieds pas avec les hommes faux, je ne vais pas avec les gens dissimulés
Je hais l'assemblée de ceux qui font le mal, je ne m'assieds pas avec les méchants.
Je lave mes mains dans l'innocence, Éternel et je vais autour de ton autel.**

2. <u>Refrain</u> :

Rends-moi justice, Éternel !
Car je marche dans l'intégrité, je me confie en l'Éternel, je ne chancelle pas. (X 2)

2. <u>Couplet</u> :

**Pour éclater en action de grâce, et raconter toutes tes merveilles.
Éternel ! J'aime le séjour de ta maison, le lieu où ta gloire habite.
N'enlève pas mon âme avec les pêcheurs, ma vie avec les hommes de sang.
Dont les mains sont criminelles et la droite pleine de présent !
Moi, je marche dans l'intégrité délivre-moi et aie pitié de moi !
Mon pied est ferme dans la droiture Éternel, je te bénirai dans les assemblées.**

5. <u>Psaume 51 : La repentance</u>

L'appel :
Ô Dieu ! Aie pitié de moi dans ta bonté ; selon ta grande miséricorde, efface mes transgressions ! Lave-moi complètement de mon iniquité, et purifie-moi de mon péché.
Car je reconnais mes transgressions, et mon péché est constamment devant moi.

1. Couplet :

J'ai péché contre toi seul, et j'ai fait ce qui est mal à tes yeux, en sorte que tu seras juste dans ta sentence. Sans reproche dans ton jugement.
Voici, je suis né dans l'iniquité, et ma mère m'a conçu dans le péché.
Mais tu veux que la vérité soit au fond du cœur. Fais donc pénétrer la sagesse au dedans de moi !
Purifie-moi avec l'hysope, et je serai pur. Lave-moi, et je serai plus blanc que la neige.
Annonce-moi l'allégresse et la joie, et les os que tu as brisés se réjouiront.
Détourne ton regard de mes péchés, efface toutes mes iniquités.
O Dieu ! Crée en moi un cœur pur, renouvelle en moi un esprit bien disposé.
Ne me rejette pas loin de ta face, ne me retire pas ton Esprit-Saint.
Rends-moi la joie de ton salut et qu'un esprit de bonne volonté me soutienne !

1. Couplet :

J'enseignerai tes voies à ceux qui les transgressent, et les pécheurs reviendront à toi.
O Dieu, Dieu de mon salut ! Délivre-moi du sang versé, et ma langue célébrera ta miséricorde.
Seigneur ! Ouvre mes lèvres, et ma bouche publiera ta louange.
Si tu eusses voulu des sacrifices, je t'en aurais offert, mais tu ne prends point plaisir aux holocaustes.
Les sacrifices qui sont agréables à Dieu, c'est un esprit brisé. O Dieu ! Tu ne dédaigne pas un cœur brisé et contrit.
Répands par ta grâce tes bienfaits sur Sion, bâtit les murs de Jérusalem !
Alors tu agréeras des sacrifices de justice, des holocaustes et des victimes tout entières ; alors on offrira des taureaux sur ton autel.

6. <u>Psaume 6 : Appel à la miséricorde divine</u>

L'appel :
Éternel ! Ne me punis pas dans ta colère, et ne me châtie pas dans ta fureur.

<u>1. Refrain</u>

Aie pitié de moi, Éternel ! Car je suis sans force ; guéris-moi,
Éternel ! Car mes os sont tremblants. Mon âme est toute troublée ; et toi, Éternel !
Jusqu'à quand ?...
Reviens, Éternel mon Dieu !

1. Couplet

Délivres mon âme, sauve-moi, à cause de ta miséricorde.
Car celui qui meurt n'a plus ton souvenir, qui te louera dans le séjour des morts ?
Je m'épuise à force de gémir, chaque nuit ma couche est baignée de mes larmes,
mon lit est arrosé de mes pleurs.

<u>2. Refrain</u>

Aie pitié de moi, Éternel ! Car je suis sans force ; guéris-moi,
Éternel ! Car mes os sont tremblants. Mon âme est toute troublée ; et toi, Éternel !
Jusqu'à quand ?...
Reviens, Éternel mon Dieu !

2. Couplet

J'ai le visage usé par le chagrin, tous ceux qui me persécutent le font vieillir.
Éloignez-vous de moi, vous tous qui faites le mal ! Car L'Éternel entend la voix
de mes larmes, l'Éternel exauce mes supplications, L'Éternel accueille ma prière.
Tous mes ennemis sont confondus, saisis d'épouvante, ils reculent, soudain
couverts de honte.

<h1 style="text-align:center">7. <u>Psaume 25 : Recherche des voies et du pardon de Dieu</u></h1>

L'appel :
Éternel ! J'élève à toi mon âme.
Mon Dieu ! En toi je me confie :
Que je ne sois pas couvert de honte !
Que mes ennemis ne se réjouissent pas à mon sujet !

1. Refrain

Tous ceux qui espèrent en toi ne seront point confondus, ceux-là seront confondus qui sont infidèles sans cause.

1. Couplet :

Éternel ! Fais-moi connaître tes voies, enseigne-moi tes sentiers.
Conduis-moi dans ta vérité, et instruis-moi, car tu es le Dieu de mon salut, tu es toujours mon espérance.
Éternel ! Souviens-toi de ta miséricorde et de ta bonté, car elles sont éternelles.
Ne te souviens pas des fautes de ma jeunesse ni de mes transgressions, souviens-toi de moi selon ta miséricorde, à cause de ta bonté, ô Éternel !

2. Refrain

Tous ceux qui espèrent en toi ne seront point confondus, ceux-là seront confondus qui sont infidèles sans cause.

2. Couplet :

L'Éternel est bon et droit. C'est pourquoi il montre aux pêcheurs la voie. Il conduit les humbles dans la Justice, il enseigne aux humbles sa voie.
Tous les sentiers de l'Éternel sont miséricorde et fidélité, pour ceux qui gardent son alliance et ses commandements.
C'est à cause de ton nom, ô Éternel ! Que tu pardonneras mon iniquité, car elle est grande.
Quel est l'homme qui craint l'Éternel ? L'Éternel lui montre la voie qu'il doit choisir. Son âme reposera dans le bonheur et sa postérité possédera le pays.
L'amitié de l'Éternel est pour ceux qui le craignent, et son alliance leur donne instructions.
Je tourne constamment les yeux vers l'Éternel car il fera sortir mes pieds du filet.
Regarde-moi et aie pitié de moi, car je suis abandonné et malheureux.
Les angoisses de mon cœur augmentent, tire-moi de ma détresse Éternel !

3. Refrain

Tous ceux qui espèrent en toi ne seront point confondus, cela seront confondus qui sont infidèles sans cause.

3. Couplet :

Vois ma misère et ma peine, et pardonne tous mes péchés.
Vois combien mes ennemis sont nombreux et de quelle haine violente ils me poursuivent.
Garde mon âme et sauve-moi ! Que je ne sois pas confus, quand je cherche auprès de toi mon refuge !
Que l'innocence et la droiture me protègent quand je mets en toi mon espérance !
Ô Dieu ! Délivre mon âme ! Éternel de toutes ses détresses !

8. Psaume 140 : Prière pour être protégé des persécuteurs

L'appel :
Éternel, délivre-moi des hommes méchants ! Préserve-moi des hommes violents,
Qui méditent de mauvais desseins dans leur cœur, et sont toujours prêts à faire
la guerre !
Ils aiguisent leur langue comme un serpent, ils ont sous leurs lèvres un venin
d'aspic.

1. Couplet :

Éternel, garantis-moi des mains du méchant ! Préserve-moi des hommes violents,
qui méditent de faire tomber !
Des orgueilleux me tendent un piège et des filets, ils placent des rets le long du
chemin, ils me dressent des embûches. Je dis à l'Éternel : Tu es mon Dieu !

2. Couplet :

Éternel prête l'oreille à la voix de mes supplications !
Éternel, Seigneur, force de mon salut ! Tu couvres ma tête au jour du combat.
Éternel, n'accomplis pas les désirs du méchant, ne laisse pas réussir ses projets,
de peur qu'il ne s'en glorifie !

3. Couplet :

Que sur la tête de ceux qui m'environnent retombe l'iniquité de leurs lèvres.
Que des charbons ardents soient jetés sur eux ! Qu'il les précipite dans le feu, et
dans des abîmes, d'où ils ne se relèvent plus !

4. Couplet :

L'homme dont la langue est fausse ne s'affermit pas sur la terre, et l'homme
violent, le malheur l'entraîne à sa perte. Dit l'Éternel !
Je sais que l'Éternel fait droit au misérable, justice aux indigents.
Oui, les justes célébreront ton nom, Éternel et les hommes droits habiteront
devant ta face.

9. <u>Psaume 62 : Dieu, le Seul refuge</u>

<u>1. Refrain :</u>

Oui, c'est en Dieu que mon âme se confie, de lui vient mon salut.
Oui, c'est lui qui est mon rocher et mon salut, ma haute retraite.
Je ne chancellerai guère.

<u>1. Couplet :</u>

Jusqu'à quand vous jetterez-vous sur un homme, chercherez-vous tous à l'abattre, comme une muraille qui penche, comme une clôture qu'on renverse ? Ils conspirent pour le précipiter dans son poste élevé, ils prennent plaisir au mensonge, ils bénissent de leur bouche, et ils maudissent dans leur cœur.

<u>2. Refrain :</u>

Oui, c'est en Dieu que mon âme se confie, de lui vient mon salut.
Oui, c'est lui qui est mon rocher et mon salut, ma haute retraite.
Je ne chancellerai guère.

<u>2. Couplet :</u>

Oui, mon âme, confie-toi en Dieu ! Car de lui vient mon espérance.
Oui, c'est lui qui est mon rocher et mon salut, ma haute retraite. Je ne chancellerai jamais.
Sur Dieu repose mon salut et ma gloire, le rocher de ma force. Mon refuge, sont en Dieu.
En tout temps, peuples, confiez-vous-en lui, répandez vos cœurs en sa présence ! Car Dieu est notre refuge.

<u>3. Refrain :</u>

Oui, c'est en Dieu que mon âme se confie, de lui vient mon salut.
Oui, c'est lui qui est mon rocher et mon salut, ma haute retraite.
Je ne chancellerai guère.

<u>3. Couplet :</u>

Oui, vanité, Les Fils de l'homme ! Mensonge, Les Fils de l'homme ! Dans une balance ils monteraient tous ensemble, plus léger qu'un souffle.
Ne vous confiez pas dans la violence, et ne mettez pas un vain espoir dans la rapine, quand les richesses s'accroissent, n'y attachez pas votre cœur.
Dieu a parlé une fois, deux fois j'ai entendu ceci : c'est que la force est à Dieu.
A toi aussi Seigneur ! La bonté et la gloire car tu rends à chacun selon ses œuvres.

10. <u>Psaume 91 : Protection toute suffisante de Dieu</u>

L'appel :

Celui qui demeure sous l'abri du Très-Haut
Repose à l'ombre du Tout-Puissant.
Je dis à l'Éternel : mon refuge et ma forteresse, mon Dieu en qui je me confie !
Car c'est lui qui te délivre du filet de l'oiseleur, de la peste et de ses ravages.

<u>1. Couplet</u>

Il te couvrira de ses plumes, et tu trouveras un refuge sous ses ailes et sa fidélité est un bouclier et une cuirasse.
Tu ne craindras ni les terreurs de la nuit, ni la flèche qui vole de jour.
Ni la peste qui marche dans les ténèbres, ni la contagion qui frappe en plein midi.
Que mille tombent à ton côté, et dix mille à ta droite, tu ne seras pas atteint.

<u>2. Couplet</u>

De tes yeux seulement tu regarderas, et tu verras la rétribution des méchants.
Car tu es mon refuge, ô Éternel ! Tu fais du Très-Haut ta retraite.

<u>3. Couplet</u>

Aucun malheur ne t'arrivera, aucun fléau n'approchera de ta tente.
Car il ordonnera à ses anges de te garder dans toutes tes voies
Ils te porteront sur les mains, de peur que ton pied ne heurte contre une pierre.
Tu marcheras sur le Lion et sur l'aspic, tu fouleras le lionceau et le dragon.
Puisqu'il m'aime, je le délivrerai, je le protégerai, puisqu'il connaît mon nom.
Il m'invoquera, et je lui répondrai, je serai avec lui dans la détresse, je le délivrerai et je le glorifierai.
Je le rassasierai de longs jours, et je lui ferai voir mon salut.

11. Psaume 57 : Confiance dans la difficulté

L'appel :
Elève-toi sur les cieux, ô Dieu ! Que ta gloire soit sur toute la terre !

1. Refrain :

Aie pitié de moi, ô Dieu, aie pitié de moi ô Dieu ! Car en toi mon âme cherche un refuge, je cherche un refuge à l'ombre de tes ailes, jusqu'à ce que les calamités soient passées.
Je crie au Dieu Très-Haut, au Dieu qui agit en ma faveur.
Il m'enverra du ciel le salut, tandis que mon persécuteur se répand en outrage, Dieu enverra sa bonté et sa fidélité.

1. Couplet :

Mon âme est parmi des lions, je suis couché au milieu de gens qui vomissent la flamme, au milieu d'hommes qui ont pour dents la lance et les flèches, et dont la langue est un glaive tranchant.
Elève-toi sur les cieux, ô Dieu ! Que ta gloire soit sur toute la terre !

2. Refrain :

Aie pitié de moi, ô Dieu, aie pitié de moi ô Dieu ! Car en toi mon âme cherche un refuge, je cherche un refuge à l'ombre de tes ailes, jusqu'à ce que les calamités soient passées.
Je crie au Dieu Très-Haut, au Dieu qui agit en ma faveur.
Il m'enverra du ciel le salut, tandis que mon persécuteur se répand en outrage, Dieu enverra sa bonté et sa fidélité.

2. Couplet :

Ils avaient tendu un filet sous mes pas : Mon âme se courbait ; ils avaient creusé une fosse devant moi : ils y sont tombés.
Mon cœur est affermi, ô Dieu ! Mon cœur est affermi, je chanterai, je ferai retentir mes instruments.
Réveille-toi, mon âme !
Réveillez-vous, mon luth et ma harpe ! Je réveillerai l'aurore.
Je te louerai parmi les peuples, Seigneur ! Je te chanterai parmi les nations.
Car ta bonté atteint jusqu'aux cieux, et ta fidélité jusqu'aux nues.
Elève-toi sur les cieux, ô Dieu ! Que ta gloire soit sur toute la terre !

12. <u>Psaume 32 : Le bonheur du pécheur pardonné</u>

1. Refrain :

Heureux celui à qui la transgression est remise
Heureux celui à qui le péché est pardonné !
Heureux l'homme à qui Dieu n'impute pas l'iniquité, et dans l'esprit duquel il n'y a point de fraude ! (X2)

1. Couplet :

Tant que je me suis tue, mes os se consumaient. Je gémissais toute la journée.
Car nuit et jour ta main s'appesantissait sur moi, ma vigueur n'était plus que sécheresse, comme celle de l'été.
Je t'ai fait connaître mon péché, je n'ai pas caché mon iniquité, j'ai dit : j'avouerai mes transgressions à l'Éternel ! Et tu as effacé la peine de mon péché.

2. Refrain :

Heureux celui à qui la transgression est remise
Heureux celui à qui le péché est pardonné !
Heureux l'homme à qui Dieu n'impute pas l'iniquité, et dans l'esprit duquel il n'y a point de fraude ! (X2)

2. Couplet :

Qu'ainsi tout homme pieux te prie au temps convenable ! Si de grandes eaux débordent, elles ne l'atteindront nullement.
Tu es un asile pour moi, tu me garantis de la détresse, tu m'entoures de chants de délivrance.
Je t'instruirai et je te montrerai la voie que tu dois suivre, je te conseillerai, j'aurai le regard sur toi.

3. Refrain :

Heureux celui à qui la transgression est remise
Heureux celui à qui le péché est pardonné !
Heureux l'homme à qui Dieu n'impute pas l'iniquité, et dans l'esprit duquel il n'y a point de fraude ! (X2)

3. Couplet :

Ne soyez pas comme un cheval ou un mulet sans intelligence, on les bride avec un frein et un mors, dont on les pare, afin qu'ils ne s'approchent point de toi.
Beaucoup de douleur sont la part du méchant, mais celui qui se confie en l'Éternel est environné de sa grâce.
Justes, réjouissez-vous en l'Éternel et soyez dans l'allégresse !
Poussez des cris de joie, vous tous qui êtes droit de cœur !

<u>4. Refrain :</u>

Heureux celui à qui la transgression est remise
Heureux celui à qui le péché est pardonné !
Heureux l'homme à qui Dieu n'impute pas l'iniquité, et dans l'esprit duquel il n'y a
point de fraude ! (X2)

4.6. La logique et le raisonnement des prières

4.6.1 A savoir avant tout

Quand vous priez Dieu, il faut le prier dans la logique des idées de telle manière que
Dieu vous comprenne facilement.

Tout comme un père physique quand vous lui parlez vous essayez de lui expliquer
clairement vos problèmes de telle façon qu'il vous comprenne.

Les psaumes que vous venez de prier, je les ai mis dans le raisonnement des prières
de telle manière que vous compreniez l'enchaînement de vos idées et de vos pensées.

C'est pourquoi vous trouverez des commentaires de ces prières afin de vous faciliter
leur compréhension.

Les commentaires ne sont pas suffisants, il faut que vous les développiez vous-même
en demandant à l'Éternel Dieu la sagesse de comprendre sa Parole.

Il faut noter que le côté spirituel des prières n'est pas traité dans ce livre.
La raison est que tout ce qui est spirituel reste à la disposition de l'Éternel Dieu lui-
même qui la justifie.

4.6.2 Les commentaires de prière des psaumes

1 Le psaume 1 : 2 hommes 2 voies 2 destinées

Le psaume 1 de la Bible vous conduit à la décision de choisir entre le bon et le mauvais.

Il vous présente deux hommes qui sont Jésus-Christ et Satan.

Ensuite, deux destinations qui sont le ciel et l'enfer.
C'est à vous maintenant de choisir.

N'oubliez jamais que par la création, Dieu vous a donné la liberté de faire le choix
entre le bon et le mauvais. Donc prenez votre décision.

<u>**2 Le psaume 141 : prière pour être protégé des hommes violents**</u>

Une fois que le choix et la décision ferme de votre vie sont pris, il faut maintenant invoquer l'Esprit de Dieu sur vous.

Dieu lui-même l'a dit dans Jérémie chapitre 33 verset 3 : « invoque-moi, je te répondrai. ».

Il ne faut jamais prier sans invoquer l'Esprit de Dieu sur vous sinon, vous prier en l'air et sans considération.

Il faut toujours savoir que votre considération démontre le respect et l'obéissance que vous avez devant Dieu.

La Parole de Dieu dit dans le psaume 14 verset 4 : que les insensés n'invoquent point l'Éternel.

Donc il faut savoir que c'est par l'invocation que l'on communique avec Dieu.

<u>**3 Le psaume 143 : prière pour la délivrance**</u>

Cette prière est semblable à celle d'adoration par laquelle le fidèle demande à son Dieu d'écouter sa prière et ses supplications. Il ne veut pas que l'Éternel le juge car aucun homme n'est juste devant lui.

Il se plaint cependant de ses ennemis qui foulent à terre sa vie.
Son esprit et son cœur sont troublés et il élève ses mains vers Dieu pour lui demander de venir vite à son secours sinon il mourra.

Dans sa bonté, qu'il élimine totalement ses ennemis car il est son serviteur.
Il demande à l'Éternel de le délivrer de ses ennemis, de lui montrer la voie qu'il doit suivre et de lui enseigner à faire sa volonté et à cause de son nom qu'il lui donne la vie.

Dans sa justice qu'il retire son âme de la détresse. Dans sa bonté qu'il détruise ses ennemis et qu'il fasse périr tous les oppresseurs de son âme car il est son serviteur.

4 Le psaume 26 : prière du juste persécuté

Une fois que vous sentez que Dieu est avec vous et qu'il vous écoute, demandez-lui de vous faire justice c'est-à-dire de lui donner l'autorisation de sonder votre cœur et de voir si vous ne mentez pas.

Franchement je vous prierai de ne pas mentir à Dieu parce qu'avant même que vous formuliez l'idée de lui mentir, Dieu est déjà au courant de vos mensonges. C'est pourquoi il faut éviter qu'Il vous prenne pour un menteur.

5 Le psaume 51 : la repentance

Si vous confirmez à Dieu que vous êtes maintenant avec lui, alors il faut prier le psaume de la repentance. Pour prouver à Dieu que vous êtes pécheur, né dans le péché et que vos parents vous ont conçu dans le péché.

L'Éternel aime toujours que l'enfant de l'homme se rappelle le péché originel de ses parents.

C'est cette prière que Dieu prend en considération afin d'annuler toutes les accusations du Satan.

Cette prière est très importante parce qu'elle fait allusion au péché de nos parents que nous portons par le sang.

6 Le psaume 6 : appel à la miséricorde divine

Après la repentance, il faut maintenant demander le pardon de vos propres péchés, depuis l'enfance jusqu'à ce jour.

Demander à Dieu de vous délivrer de vos péchés et de restaurer complètement votre âme. C'est-à-dire que l'Éternel nettoie spirituellement votre corps et votre âme.

De là vous devenez une nouvelle créature.

7 Le psaume 25 : recherche des voies et du pardon de Dieu

Vous savez que tout péché commis par l'esprit, seul Dieu peut ou ne peut pas le pardonner.

Dans ce cas précis, il faut dire à Dieu que vous avez l'espérance qu'il vous a accordé son pardon.

Rappelez à Dieu les biens qu'Il a fait aux hommes qui se sont confiés à Lui.

Tous ceux qui espèrent en Lui ne seront point confondus, ceux-là seront confondus qui sont infidèles sans cause.

8 Le psaume 140 : prière pour être protégé des persécuteurs

Dans cette prière, vous demandez à Dieu de vous protéger contre vos ennemis physiques et spirituels.

Des ennemis qui veulent toujours détruire votre vie ou détruire ce que vous faites.

Dites à Dieu de débloquer votre situation et d'enlever les barricades des ennemis que vous comparez à des serpents qui ont toujours du venin dans leur langue.

9 Le psaume 62 : Dieu le seul refuge

Dès que vous êtes délivré totalement et complètement, alors demandez à Dieu un refuge dans sa maison. Là-bas, personne ne vous touchera.

Vous serez totalement sous la protection divine. Il sera votre bouclier qui vous enveloppe et une tour forte contre l'ennemi.
Aucune chose ne vous arrivera sans sa volonté.

10 Le psaume 91 : la protection toute suffisante de Dieu

Comme le titre l'indique, le psaume 91 est une prière qui sollicite auprès de Dieu la protection toute suffisante.

Dans cette prière, il y a un mystère qui donne le pouvoir au corps de prier pour son âme, de prier pour lui-même et de demander à Dieu de protéger son âme et son corps au même moment.

Pour comprendre cette prière, il faut d'abord aller au psaume 103 du verset 1 à 5 pour voir comment le corps donne les ordres à son âme de glorifier l'Éternel.

Le corps dit à l'âme de bénir l'Éternel et de ne jamais oublier aucun de ses bienfaits. C'est lui qui pardonne toutes tes iniquités, qui guérit toutes les maladies, qui délivre ta vie de la fosse et te couronne de bonté et de miséricorde etc.

Donc le psaume 91 au verset 1, le corps dit à son âme que : « *Celui qui demeure sous l'abri du Très-Haut repose à l'ombre du tout Puissant* ». Au verset 3, le corps garantit son âme de sa délivrance. Du verset 5 au 6, le corps dit à son âme de résister contre ses ennemis, du verset 10 à 13 c'est la confirmation de la délivrance de l'âme et enfin du verset 14 à 16 c'est la délivrance du corps.

11 Le psaume 57 : confiance dans la difficulté

Maintenant il est l'heure de faire les éloges à Dieu que tous vos ennemis sont tombés ; comme il avait fait tomber Satan et ses sataniques du ciel.

Vous êtes libres de louer et d'adorer l'Éternel votre Dieu car sa bonté atteint jusqu'aux cieux et sa fidélité jusqu'aux nues et que sa gloire soit sur toute la terre.

12 Le psaume 32 : le bonheur du pécheur pardonné

Voici la prière d'un pécheur à qui l'Éternel a pardonné ses péchés.

Il est heureux d'avoir vu sa transgression remise et son péché pardonné.

Il se rappelle qu'il souffrait jour et nuit de sa conscience mais aujourd'hui l'Éternel a complètement effacé ses péchés. C'est pourquoi, il crie aux hommes en leur demandant d'être intelligent car celui qui se confie en l'Éternel est entouré de sa grâce.

Vous les chrétiens réjouissez-vous et soyez dans l'allégresse et pousser des cris de joie vous tous qui êtes droit de cœur.

4.7. Le lavage du corps

4.7.1. A savoir avant tout

Si un corps est souillé, il faut nécessairement le laver. Le psaume 51 au verset 9 nous dit : « *Purifie-moi avec l'hysope et je serai pur ; lave-moi et je serai plus blanc que la neige.* ».

Ceci veut dire que le corps qui a péché, il faut le purifier et le laver en signe de repentance devant l'Éternel. Rappelez-vous que Jésus-Christ a lavé les pieds des apôtres en vue de les purifier.

Mais ici la question qui se pose est de savoir quelle eau faut-il utiliser ?
Rappelez-vous au temps d'Adam et Eve quand ces-derniers avaient péché. Dieu avait alors dit à Adam que : dorénavant tu mangeras à la sueur de ton front.

Ceci démontre que Dieu avait maudit la terre et pour que la terre nous donne ses fruits, il nous faudrait souffrir.

Par conséquent, pour moi l'eau bénite, c'est l'eau de la neige ou de la pluie qui n'a pas touché le sol.

4.7.2. L'eau bénite

D'après mes expériences, utilisez l'eau de la neige ou l'eau des pluies, en mettant une table au dehors et sur laquelle vous mettez une bassine pour récolter l'eau qui tombe et qui ne touche pas la terre.

Stockez cette eau dans des bouteilles ou dans une dame-jeanne bien fermée pour éviter la poussière.

Ainsi, c'est cette eau qu'il faudra utiliser pour la délivrance ou pour l'exorcisme des malades.

Lavez proprement le malade ou pulvérisez le malade avec cette eau-là, sur tout son corps avant de l'oindre de l'huile. Pulvérisez aussi sa chambre.
En effet, j'ai eu à conseiller les malades de se servir de cette eau et après l'utilisation, ils m'ont confirmé qu'ils étaient guéris.

Alors, cette cérémonie doit être répétée à plusieurs reprises, pour éviter de salir le corps de nouveau.

Notez bien que l'Évangile de Jean, chapitre 5 au verset 4 nous parle de la piscine de Béthesda, dans laquelle les malades trouvaient leur guérison après que l'Ange de Dieu avait agité de l'eau.

4.8. L'onction des malades

4.8.1. A savoir avant tout

L'Évangile selon Jacques dans la Sainte Bible nous donne les pleins pouvoirs de chasser les maladies au nom de Seigneur Jésus-Christ.

Ceci est aussi confirmé par Jésus-Christ lui-même dans l'Évangile selon Marc au chapitre 16 :17 à 18 : « *Voici les miracles qui accompagneront ceux qui auront cru en mon nom, ils chasseront les démons, ils parleront de nouvelles langues. Ils saisiront des serpents, s'ils boivent quelque breuvage mortel, il ne leur fera point de mal, ils imposeront les mains aux malades, et les malades, seront guéris.* ».
Ceci montre que nous avons les pleins pouvoirs que Jésus-Christ nous a donné de guérir les malades.

4.8.2. L'onction des malades proprement dite

Selon l'Évangile de Jacques, 5 :14 au 15, il est dit que : « *Quelqu'un parmi vous est-il malade ? Qu'il appelle les anciens de l'Église, et que les anciens prient pour lui, en l'oignant d'huile au nom du Seigneur.*

La Prière de la foi sauvera le malade, et le Seigneur le relèvera, et s'il a commis des péchés, il lui sera pardonné. ».

Nous rappellerons ici qu'avant toute délivrance, il est impératif de recueillir l'accord du malade ou de sa famille.

En effet, dans le cas précis de la délivrance pacifique, il faut embaumer tout le corps du malade d'huile et lui en donner également une cuillerée à boire.

Pour sa propre guérison, l'intercesseur doit d'abord goûter l'huile avant de donner la cuillère au malade.

Enfin, utilisez le reste d'huile pour sceller spirituellement le domicile du malade. Il faut essuyer avec cette même huile : les portes, les fenêtres, et tous les trous qui communiquent avec l'extérieur, tels que les salles de bains, les W.C, les lavabos de la cuisine etc, en versant une quantité d'huile dans ces trous-là. Ceci en vue de bloquer complètement la maison contre les mauvais esprits qui peuvent y pénétrer.

4.9. L'imposition des mains

4.9.1. A savoir avant tout

Comme indiqué précédemment dans l'Évangile de Marc au chapitre 16, versets 17 et 18, ceux qui croiront en Jésus-Christ chasseront des démons et s'ils imposent leurs mains sur les malades, les malades seront guéris.

Ces versets nous donnent le pouvoir par l'autorité de Jésus-Christ de guérir les malades.

Jésus-Christ lui-même le confirme dans l'Évangile selon Jean chapitre 16 verset 24 quand il dit : « *Jusqu'à présent vous n'avez rien demandé en mon nom. Demandez et vous recevrez, afin que votre joie soit parfaite.* » et dans l'Évangile selon Luc, chapitre 11 verset 9 : « *Et moi, je vous dis : Demandez et l'on vous donnera, cherchez et vous trouverez ; frappez et l'on vous ouvrira.* ».

4.9.2. L'imposition des mains proprement dite

L'intercesseur doit imposer les mains sur les malades, et ce en invoquant l'Esprit de Dieu qui doit chasser cette maladie-là avec une voix autoritaire.

Pour que le spirituel s'accomplisse, il faut faire les gestes physiques d'ouvrir grandement la porte et de commander avec autorité les esprits impurs de sortir au dehors sans retourner encore dans la maison.
Ensuite, fermez la porte et celle-ci sera scellée spirituellement.

Cette délivrance est pacifique et progressive parce qu'elle est faite avec des prières de Dieu lui-même ; c'est-à-dire que le malade ne tombe pas parterre comme cela se passe dans beaucoup d'églises.

Cependant, il faudrait attendre les résultats dans les semaines qui suivront. Mais d'après mes expériences, c'est après une semaine que beaucoup de malades ont témoigné qu'ils étaient guéris.

Enfin, l'intercesseur doit toujours encadrer ses malades et les exhorter à persister dans la prière c'est-à-dire de s'écarter complètement des péchés, des mauvais amis, des mensonges et ce, afin que les mauvais esprits ne retournent plus encore dans leurs corps.

4.10 Les recommandations

Il ne faut jamais abandonner la prière sinon les mauvais esprits vont retourner dans votre corps.

Comme conséquence ce sera le retour de la maladie ou l'aggravation des douleurs.
Il faut toujours invoquer l'Éternel avant de communiquer avec Lui.

Dans votre communication (prière) :

- Utilisez toujours une voix normale d'un enfant poli qui communique avec son père ;

- Évitez de prendre Dieu comme un être imaginaire dans votre tête ;

- Soyez précis dans les mots que vous utilisez sans les répéter (évitez la tautologie des mots).

L'Éternel est Dieu de la trinité c'est-à-dire la combinaison d'un seul dieu en trois entités qui sont le Père, le Fils et le Saint-Esprit.

Donc si vous priez Jésus-Christ c'est l'Éternel que vous priez car Jésus-Christ a dit : *« Celui qui m'a vu, il a vu mon père »*.

Ainsi, prier l'Éternel c'est prier Dieu de la Trinité avec toutes ses différentes fonctions.

Il ne faut pas abandonner le malade. Il faut savoir que la délivrance est sûre et elle viendra avec le temps de Dieu.
La foi est la clé de tout car c'est la foi qui vous sauvera. Il faut cependant enlever toute sorte de doute car le doute est la ruse de Satan pour détruire toutes les possibilités.

5.1 L'introduction à l'exorcisme

L'exorcisme est un cas extrême de la délivrance, parce qu'elle est agressive.

Elle doit être faite sur les cas de la haute possession démoniaque. Tels que :

- La folie
- Les maisons possédées
- Les gens gravement malades
- Les gens dans le coma
- Les personnes qui ont vendu leur âme à Satan, etc…

Cette délivrance est très délicate parce qu'elle demande beaucoup de prières. C'est la raison pour laquelle je demande à l'intercesseur d'ajouter aux prières de la délivrance, les 12 prières supplémentaires pour l'exorcisme des malades.

Ceci protégera l'intercesseur contre les démons qui vont sortir de ces gens-là.

Dans beaucoup de cas, les intercesseurs deviennent les cibles des attaques des démons.

Rappelez-vous de l'histoire de Jésus-Christ qui avait chassé les démons dans un homme possédé, les démons lui ont demandé d'entrer dans les porcs puisqu'ils ne savaient pas là où ils pouvaient partir. Subitement, les porcs se sont précipités dans l'eau et sont morts.

L'homme a été guéri.

5.2 L'exorcisme proprement dit

La différence avec la délivrance est que :

Dans l'exorcisme on se retrouve en face des gens qui ne parlent pas. Dans ces cas, il faut utiliser une délivrance agressive c'est-à-dire chasser par la force les démons avec des paroles autoritaires.

L'Évangile de Luc au chapitre 13, verset 12 nous dit que Jésus-Christ avait guéri une femme par ses paroles le jour de sabbat. Ceci est aussi confirmé par l'Évangile de Matthieu au chapitre 8, verset 16 quand Jésus-Christ chassa les esprits par sa parole et qu'il guérit tous les malades.

Dans ces cas précis, l'intercesseur doit prier et jeûner bien avant de faire l'exorcisme. Cela afin d'acquérir une puissance spirituelle qui lui permettra d'accomplir sa mission et surtout, il faut chercher à connaître le nom de l'esprit que le malade possède et de le chasser « AU NOM DE JÉSUS-CHRIST ».

5.3 La confession

Comme, précédemment indiqué, la confession dans le cadre de l'exorcisme est très délicate parce qu'on est en présence de personne qui ne parle pas.

Alors, dans ce cas la confession peut être faite par une personne la plus proche du malade. Si cela n'est pas possible alors l'intercesseur peut personnellement plaider le cas du malade auprès de Jésus-Christ.

Pour ce faire, la confession du malade (ou de l'intercesseur pour le malade) peut se référer à celle de la délivrance.

5.4 Les prières pour l'exorcisme

5.4.1 A savoir avant tout

Comme déjà signalé, il faut savoir que l'exorcisme demande beaucoup de prières. C'est pourquoi il faut ajouter aux prières pour l'exorcisme celles de la délivrance.

Donc, le total sera de 24 prières au minimum.

L'intercesseur à son tour, sera dans l'obligation de prier ces prières afin d'éviter les attaques des mauvais esprits contre lui.

5.4.2 Les prières des psaumes n° 130 ; 88 ; 7 ; 61 ; 63 ; 46 ; 54 ; 70 ; 59 ; 4 ; 144 ; 30

Le choix des prières ci-après a été fait sur la base d'une méditation profonde accompagnée des prières à l'Éternel en vue de solliciter auprès de lui la grâce pour toute personne qui priera ces psaumes.

Louis SEGOND dans la Bible nous rappelle que chaque psaume est actualisable pour tous ceux qui en toute circonstance cherchent le secours de l'Éternel.

Dans le livre de Jean, chapitre 16, verset 24, Jésus-Christ dit : « *Jusqu'à présent vous n'avez rien demandé en mon nom. Demandez, et vous recevrez, afin que votre joie soit parfaite* ».

C'est la raison pour laquelle il faut prier ces psaumes dans la logique de ces prières sans intervertir l'ordre.
Les Écritures s'accompliront et votre joie sera grande.

Les psaumes sont des prières qui ont une référence biblique. Toute autre prière sans la référence biblique n'aura pas d'efficacité devant Dieu.

1. <u>Psaume 130 : Attente de l'intervention de Dieu</u>

<u>L'Appel :</u>

Du fond de l'abîme je t'invoque, ô Éternel !
Seigneur, écoute ma voix ! Que tes oreilles soient attentives à la voix de mes supplications !
Si tu gardais le souvenir des iniquités, Éternel, Seigneur, qui pourrait subsister ?

<u>1. Couplet :</u>

Mais le pardon se trouve auprès de toi, afin qu'on te craigne.
J'espère en l'Éternel, mon âme espère, Et j'attends sa promesse.
Mon âme compte sur le Seigneur, lus que les gardes ne comptent sur le matin,

<u>1. Refrain :</u>

Du fond de l'abîme je t'invoque, ô Éternel !
Seigneur, écoute ma voix ! Que tes oreilles soient attentives A la voix de mes supplications !
Si tu gardais le souvenir des iniquités, Éternel, Seigneur, qui pourrait subsister ?

<u>2. Couplet :</u>

Que les gardes ne comptent sur le matin.
Le Chrétien, mets ton espoir en l'Éternel ! Car la miséricorde est auprès de l'Éternel, Et la rédemption est auprès de lui en abondance.
C'est lui qui rachètera le chrétien de toutes ses iniquités.

<u>**2. Psaume 88 : Lamentation au sein de l'affliction**</u>

<u>**L'appel :**</u>

Éternel, Dieu de mon salut ! Je crie jour et nuit devant toi.
Que ma prière parvienne en ta présence ! Prête l'oreille à mes supplications !

<u>**1. Couplet :**</u>

Car mon âme est rassasiée de maux, Et ma vie s'approche du séjour des morts.
Je suis mis au rang de ceux qui descendent dans la fosse, Je suis comme un homme qui n'a plus de force.
Je suis étendu parmi les morts, Semblable à ceux qui sont tués et couchés dans le sépulcre,
A ceux dont tu n'as plus le souvenir, Et qui sont séparés de ta main.
Tu m'as jeté dans une fosse profonde, Dans les ténèbres, dans les abîmes.
Ta fureur s'appesantit sur moi, Et tu m'accables de tous tes flots.
Tu as éloigné de moi mes amis, Tu m'as rendu pour eux un objet d'horreur ; Je suis enfermé et je ne puis sortir.
Mes yeux se consument dans la souffrance ;

<u>**2ème appel :**</u>

Je t'invoque tous les jours, ô Éternel ! (x2)

<u>**2. Couplet :**</u>

J'étends vers toi les mains.
Est-ce pour les morts que tu fais des miracles ? Les morts se lèvent-ils pour te louer ?
Parle-t-on de ta bonté dans le sépulcre, De ta fidélité dans l'abîme ?
Tes prodiges sont-ils connus dans les ténèbres, Et ta justice dans la terre de l'oubli ?
O Éternel ! j'implore ton secours,

<u>**3. Couplet :**</u>

Et le matin ma prière s'élève à toi.
Pourquoi, Éternel, repousses-tu mon âme ? Pourquoi me caches-tu ta face ?
Je suis malheureux et moribond dès ma jeunesse, Je suis chargé de tes terreurs, je suis troublé.
Tes fureurs passent sur moi, Tes terreurs m'anéantissent ;
Elles m'environnent tout le jour comme des eaux, Elles m'enveloppent toutes à la fois.
Éternel, tu as éloigné de moi amis et compagnons ; Mes intimes ont disparu.

3. Psaume 7 : Prière du juste persécuté

1. Refrain :

Éternel, mon Dieu ! je cherche en toi mon refuge ; Sauve-moi de tous mes persécuteurs, et délivre-moi,
Afin qu'il ne me déchire pas, comme un lion Qui dévore sans que personne vienne au secours.
Éternel, mon Dieu ! si j'ai fait cela, S'il y a de l'iniquité dans mes mains,
Si j'ai rendu le mal à celui qui était paisible envers moi, Si j'ai dépouillé celui qui m'opprimait sans cause,
Que l'ennemi me poursuive et m'atteigne, Qu'il foule à terre ma vie, Et qu'il couche ma gloire dans la poussière !

1. Couplet :

Lève-toi, ô Éternel ! dans ta colère, Lève-toi contre la fureur de mes adversaires, Réveille-toi pour me secourir, ordonne un jugement !
Que l'assemblée des peuples t'environne ! Monte au-dessus d'elle vers les lieux élevés !
L'Éternel juge les peuples : Rends-moi justice, ô Éternel ! Selon mon droit et selon mon innocence !
Mets un terme à la malice des méchants, Et affermis le juste, Toi qui sondes les cœurs et les reins,

2. Refrain :

Dieu juste !
Mon bouclier est en Dieu, Qui sauve ceux dont le cœur est droit.
Dieu est un juste juge, Dieu s'irrite en tout temps.
Si le méchant ne se convertit pas, il aiguise son glaive, Il bande son arc, et il vise ;
Il dirige sur lui des traits meurtriers, Il rend ses flèches brûlantes.
Voici, le méchant prépare le mal, Il conçoit l'iniquité, et il enfante le néant.
Il ouvre une fosse, il la creuse, Et il tombe dans la fosse qu'il a faite.
Son iniquité retombe sur sa tête, Et sa violence redescend sur son front.
Je louerai l'Éternel à cause de sa justice, Je chanterai le nom de l'Éternel, du Très Haut.

<u>**4. Psaume 61 : Prière du roi fugitif**</u>

<u>**L'appel :**</u>
O Dieu ! écoute mes cris, Sois attentif à ma prière !
Du bout de la terre je crie à toi, le cœur abattu ; Conduis-moi sur le rocher que je ne puis atteindre !
Car tu es pour moi un refuge, Une tour forte, en face de l'ennemi.

<u>**1. Couplet :**</u>

Je voudrais séjourner éternellement dans ta tente, Me réfugier à l'abri de tes ailes. Car toi, ô Dieu ! tu exauces mes vœux, Tu me donnes l'héritage de ceux qui craignent ton nom.

<u>1. Refrain :</u>

O Dieu ! écoute mes cris, Sois attentif à ma prière !
Du bout de la terre je crie à toi, le cœur abattu ; Conduis-moi sur le rocher que je ne puis atteindre !
Car tu es pour moi un refuge, Une tour forte, en face de l'ennemi.

<u>**2. Couplet :**</u>

Ajoute des jours aux jours du roi ; Que ses années se prolongent à jamais !
Qu'il reste sur le trône éternellement devant Dieu ! Fais que ta bonté et ta fidélité veillent sur lui !
Alors je chanterai sans cesse ton nom, En accomplissant chaque jour mes vœux.

5. Psaume 63 : La soif de Dieu

L'appel :

O Dieu ! tu es mon Dieu, je te cherche ; Mon âme a soif de toi, mon corps soupire après toi, Dans une terre aride, desséchée, sans eau.

1. Couplet :

Ainsi je te contemple dans le sanctuaire, Pour voir ta puissance et ta gloire.
Car ta bonté vaut mieux que la vie : Mes lèvres célèbrent tes louanges.
Je te bénirai donc toute ma vie, J'élèverai mes mains en ton nom.
Mon âme sera rassasiée comme de mets gras et succulents, Et, avec des cris de joie sur les lèvres, ma bouche te célébrera.

1. Refrain :

O Dieu ! tu es mon Dieu, je te cherche ; Mon âme a soif de toi, mon corps soupire après toi, Dans une terre aride, desséchée, sans eau.

2. Couplet :

Lorsque je pense à toi sur ma couche, Je médite sur toi pendant les veilles de la nuit.
Car tu es mon secours, Et je suis dans l'allégresse à l'ombre de tes ailes.
Mon âme est attachée à toi ; Ta droite me soutient.
Mais ceux qui cherchent à m'ôter la vie Iront dans les profondeurs de la terre ;
Ils seront livrés au glaive, Ils seront la proie des chacals.
Et le roi se réjouira en Dieu ; Quiconque jure par lui s'en glorifiera, Car la bouche des menteurs sera fermée.

2. Refrain :

O Dieu ! tu es mon Dieu, je te cherche ; Mon âme a soif de toi, mon corps soupire après toi, Dans une terre aride, desséchée, sans eau.

6. Psaume 46 : Dieu notre refuge et notre force

1. Refrain :

Dieu est pour nous un refuge et un appui, Un secours qui ne manque jamais dans la détresse.

C'est pourquoi nous sommes sans crainte quand la terre est bouleversée, Et que les montagnes chancellent au cœur des mers,

Quand les flots de la mer mugissent, écument, Se soulèvent jusqu'à faire trembler les montagnes.

1. Couplet :

Il est un fleuve dont les courants réjouissent la cité de Dieu, Le sanctuaire des demeures du Très Haut.

Dieu est au milieu d'elle : elle n'est point ébranlée ; Dieu la secourt dès l'aube du matin.

Des nations s'agitent, des royaumes s'ébranlent ; Il fait entendre sa voix : la terre se fond d'épouvante.

L'Éternel des armées est avec nous, Le Dieu de Jacob est pour nous une haute retraite.

2. Refrain :

Dieu est pour nous un refuge et un appui, Un secours qui ne manque jamais dans la détresse.

C'est pourquoi nous sommes sans crainte quand la terre est bouleversée, Et que les montagnes chancellent au cœur des mers,

Quand les flots de la mer mugissent, écument, Se soulèvent jusqu'à faire trembler les montagnes.

2. Couplet :

Venez, contemplez les œuvres de l'Éternel, Les ravages qu'il a opérés sur la terre !

C'est lui qui a fait cesser les combats jusqu'au bout de la terre ; Il a brisé l'arc, et il a rompu la lance, Il a consumé par le feu les chars de guerre.

Arrêtez, et sachez que je suis Dieu : Je domine sur les nations, je domine sur la terre.

L'Éternel des armées est avec nous, Le Dieu de Jacob est pour nous une haute retraite.

7. Psaume 54 : Prière confiante pour la délivrance

1. Refrain :

O Dieu ! sauve-moi par ton nom, Et rends-moi justice par ta puissance !
O Dieu ! écoute ma prière, Prête l'oreille aux paroles de ma bouche !

1. Couplet :

Car des étrangers se sont levés contre moi, Des hommes violents en veulent à ma vie ; Ils ne portent pas leurs pensées sur Dieu (Seigneur mon Dieu écoute ma prière).

2. Refrain :

O Dieu ! sauve-moi par ton nom, Et rends-moi justice par ta puissance !
O Dieu ! écoute ma prière, Prête l'oreille aux paroles de ma bouche !

2. Couplet :

Voici, Dieu est mon secours, Le Seigneur est le soutien de mon âme.
Le mal retombera sur mes adversaires ; Anéantis-les, dans ta fidélité !
Je t'offrirai de bon cœur des sacrifices ; Je louerai ton nom, ô Éternel ! car il est favorable,
Car il me délivre de toute détresse, Et mes yeux se réjouissent à la vue de mes ennemis.

8. Psaume 70 : Prière pour la délivrance

L'appel :
O Dieu, hâte-toi de me délivrer ! Éternel, hâte-toi de me secourir !
Qu'ils soient honteux et confus, ceux qui en veulent à ma vie ! Qu'ils reculent et rougissent, ceux qui désirent ma perte !
Qu'ils retournent en arrière par l'effet de leur honte, Ceux qui disent : Ah ! Ah !

1. Refrain :

Qu'ils soient honteux et confus, ceux qui en veulent à ma vie ! Qu'ils reculent et rougissent, ceux qui désirent ma perte !
Qu'ils retournent en arrière par l'effet de leur honte, Ceux qui disent : Ah ! Ah !

1. Couplet :

Que tous ceux qui te cherchent Soient dans l'allégresse et se réjouissent en toi !
Que ceux qui aiment ton salut Disent sans cesse : Exalté soit Dieu !
Moi, je suis pauvre et indigent : O Dieu, hâte-toi, en ma faveur ! Tu es mon aide et mon libérateur : Éternel, ne tarde pas !

2. Refrain :

Qu'ils soient honteux et confus, ceux qui en veulent à ma vie ! Qu'ils reculent et rougissent, ceux qui désirent ma perte !
Qu'ils retournent en arrière par l'effet de leur honte, Ceux qui disent : Ah ! Ah !

9. Psaume 59 : Prière pour le jugement des impies

1. Refrain :

Mon Dieu ! délivre-moi de mes ennemis, Protège-moi contre mes adversaires !
Délivre-moi des malfaiteurs, Et sauve-moi des hommes de sang !
Car voici, ils sont aux aguets pour m'ôter la vie ; Des hommes violents complotent
contre moi, Sans que je sois coupable, sans que j'aie péché, ô Éternel !

1. Couplet :

**Malgré mon innocence, ils courent, ils se préparent : Réveille-toi, viens à ma
rencontre, et regarde !
Toi, Éternel, Dieu des armées, Dieu d'Israël, Lève-toi, pour châtier toutes les
nations ! N'aie pitié d'aucun de ces méchants infidèles !
Ils reviennent chaque soir, ils hurlent comme des chiens, Ils font le tour de la ville.
Voici, de leur bouche ils font jaillir le mal, Des glaives sont sur leurs lèvres ; Car,
qui est-ce qui entend ?
Et toi, Éternel, tu te ris d'eux, Tu te moques de toutes les nations.
Quelle que soit leur force, c'est en toi que j'espère, Car Dieu est ma haute retraite.
Mon Dieu vient au-devant de moi dans sa bonté, Dieu me fait contempler avec
joie ceux qui me persécutent.
Ne les tue pas, de peur que mon peuple ne l'oublie ; Fais-les errer par ta puissance,
et précipite-les, Seigneur, notre bouclier !**

2. Refrain :

Mon Dieu ! délivre-moi de mes ennemis, Protège-moi contre mes adversaires !
Délivre-moi des malfaiteurs, Et sauve-moi des hommes de sang !
Car voici, ils sont aux aguets pour m'ôter la vie ; Des hommes violents complotent
contre moi, Sans que je sois coupable, sans que j'aie péché, ô Éternel !

2. Couplet :

**Leur bouche pèche à chaque parole de leurs lèvres : Qu'ils soient pris dans leur propre
orgueil ! Ils ne profèrent que malédictions et mensonges.
Détruis-les, dans ta fureur, détruis-les, et qu'ils ne soient plus! Qu'ils sachent que Dieu
règne sur Jacob, Jusqu'aux extrémités de la terre !
Ils reviennent chaque soir, ils hurlent comme des chiens, Ils font le tour de la ville.
Ils errent çà et là, cherchant leur nourriture, Et ils passent la nuit sans être rassasiés.
Et moi, je chanterai ta force ; Dès le matin, je célébrerai ta bonté. Car tu es pour moi
une haute retraite, Un refuge au jour de ma détresse.
O ma force ! c'est toi que je célébrerai, Car Dieu, mon Dieu tout bon, est ma haute
retraite.**

<u>**10. Psaume 4 : Sécurité dans la détresse**</u>

<u>**L'appel :**</u>
Quand je crie, réponds-moi, Dieu de ma justice ! Quand je suis dans la détresse, sauve-moi ! (Éternel) Aie pitié de moi, (Éternel) écoute ma prière !

<u>1. Refrain :</u>

Fils des hommes, jusques à quand ma gloire sera-t-elle outragée ? Jusques à quand aimerez-vous la vanité, Chercherez-vous le mensonge ?

1. Couplet :

Sachez que l'Éternel s'est choisi un homme pieux ; L'Éternel entend, quand je crie à lui.
Tremblez, et ne péchez point ; Parlez en vos cœurs sur votre couche, puis taisez-vous.
Offrez des sacrifices de justice, Et confiez-vous à l'Éternel.

<u>2. Refrain :</u>

Fils des hommes, jusques à quand ma gloire sera-t-elle outragée ? Jusques à quand aimerez-vous la vanité, Chercherez-vous le mensonge ?

2. Couplet :

Plusieurs disent : Qui nous fera voir le bonheur ? Fais lever sur nous la lumière de ta face, ô Éternel !
Tu mets dans mon cœur plus de joie qu'ils n'en ont Quand abondent leur froment et leur moût.
Je me couche et je m'endors en paix, Car toi seul, ô Éternel ! tu me donnes la sécurité dans ma demeure.

11. Psaume 144 : Prière pour la libération du peuple

1. Refrain :

Béni soit l'Éternel, mon rocher, Qui exerce mes mains au combat, Mes doigts à la bataille,
Mon bienfaiteur et ma forteresse, Ma haute retraite et mon libérateur, Mon bouclier, celui qui est mon refuge, Qui m'assujettit mon peuple !

1. Couplet :

Éternel, qu'est-ce que l'homme, pour que tu le connaisses ? Le fils de l'homme, pour que tu prennes garde à lui ?
L'homme est semblable à un souffle, Ses jours sont comme l'ombre qui passe.
Éternel, abaisse tes cieux, et descends ! Touche les montagnes, et qu'elles soient fumantes !
Fais briller les éclairs, et disperse mes ennemis ! Lance tes flèches, et mets-les en déroute !
Étends tes mains d'en haut ; Délivre-moi et sauve-moi des grandes eaux, De la main des fils de l'étranger,
Dont la bouche profère la fausseté, Et dont la droite est une droite mensongère.

2. Refrain :

Béni soit l'Éternel, mon rocher, Qui exerce mes mains au combat, Mes doigts à la bataille,
Mon bienfaiteur et ma forteresse, Ma haute retraite et mon libérateur, Mon bouclier, celui qui est mon refuge, Qui m'assujettit mon peuple !

2. Couplet :

O Dieu ! je te chanterai un cantique nouveau, Je te célébrerai sur le luth à dix cordes.
Toi, qui donnes le salut aux rois, Qui sauvas du glaive meurtrier David, ton serviteur,
Délivre-moi et sauve-moi de la main des fils de l'étranger, Dont la bouche profère la fausseté, Et dont la droite est une droite mensongère !...
Nos fils sont comme des plantes Qui croissent dans leur jeunesse ; Nos filles comme les colonnes sculptées Qui font l'ornement des palais.
Nos greniers sont pleins, Regorgeant de tout espèce de provisions ; Nos troupeaux se multiplient par milliers, par dix milliers, Dans nos campagnes ;
Nos génisses sont fécondes ; Point de désastre, point de captivité, Point de cris dans nos rues !
Heureux le peuple pour qui il en est ainsi ! Heureux le peuple dont l'Éternel est le Dieu !

12. Psaume 30 : Louange après la délivrance

<u>1. Refrain :</u>

Chantez à l'Éternel, vous qui l'aimez, Célébrez par vos louanges sa sainteté !
Car sa colère dure un instant, Mais sa grâce toute la vie ; Le soir arrivent les pleurs,
Et le matin l'allégresse.

1. Couplet :

Je t'exalte, ô Éternel, car tu m'as relevé, Tu n'as pas voulu que mes ennemis se réjouissent à mon sujet.
Éternel, mon Dieu ! J'ai crié à toi, et tu m'as guéri.
Éternel ! tu as fait remonter mon âme du séjour des morts, Tu m'as fait revivre loin de ceux qui descendent dans la fosse.

<u>2. Refrain :</u>

Chantez à l'Éternel, vous qui l'aimez, Célébrez par vos louanges sa sainteté !
Car sa colère dure un instant, Mais sa grâce toute la vie ; Le soir arrivent les pleurs,
Et le matin l'allégresse.

2. Couplet :

Je disais dans ma sécurité : Je ne chancellerai jamais !
Éternel ! par ta grâce tu avais affermi ma montagne... Tu cachas ta face, et je fus troublé.
Éternel ! j'ai crié à toi, J'ai imploré l'Éternel :
Que gagnes-tu à verser mon sang, A me faire descendre dans la fosse ? La poussière a-t-elle pour toi des louanges ? Raconte-t-elle ta fidélité ?
Écoute, Éternel, aie pitié de moi ! Éternel, secours-moi !
Et tu as changé mes lamentations en allégresse, Tu as délié mon sac, et tu m'as ceint de joie,
Afin que mon cœur te chante et ne soit pas muet. Éternel, mon Dieu ! je te louerai toujours.

<u>3. Refrain :</u>

Chantez à l'Éternel, vous qui l'aimez, Célébrez par vos louanges sa sainteté !
Car sa colère dure un instant, Mais sa grâce toute la vie ; Le soir arrivent les pleurs,
Et le matin l'allégresse.

5.5 La logique et les raisonnements des prières

5.5.1 A savoir avant tout

C'est comme dans le cadre de la délivrance. Il faut toujours faire allusion à la logique et aux raisonnements des prières avant de les prier.

L'objectif est de donner l'idée de comprendre le fond même de la prière et les messages que vous êtes en train de transmettre à l'Éternel, conformément à sa Parole.

5.5.2 Les commentaires des prières des psaumes

Les psaumes : 130 ; 88 ; 7 ; 61 ; 63 ; 46 ; 54 ; 70 ; 59 ; 4 ; 144 ; 30

1 Le psaume 130 : attente de l'intervention de Dieu

Voici la prière d'un homme qui se trouve dans un trou très profond et qui crie à l'Éternel pour le secourir.

Il présente ses supplications auprès de l'Éternel qui est pour lui le seul espoir de son âme.

Son espérance est en l'Éternel tout comme un gardien de la nuit espère l'arrivée de la journée.

La miséricorde et la rédemption viennent de l'Éternel car c'est lui seul qui oublie les péchés des hommes

2 Le psaume 88 : lamentation au sein de l'affliction

Voici la prière d'une personne en grande détresse c'est-à-dire d'une personne gravement malade ou hospitalisée et dans un état critique, semblable à une personne morte et qu'on jette dans la tombe.

La personne présente ses plaintes à l'Éternel, Dieu de son salut, à qui elle crie jour et nuit, en lui demandant de prêter l'oreille à ses supplications.

3 Le psaume 7 : prière du juste persécuté

Il s'agit ici d'une plainte adressée à l'Éternel par une personne qui cherche un refuge en lui, bien avant que ses ennemis le détruisent.

La personne demande à l'Éternel de se lever contre les méchants et de le secourir. Qu'il rétablisse la justice selon son droit et son innocence. Dans le même sens, la personne alerte ses ennemis qu'ils ont ouvert leurs propres tombes car l'Éternel est juste et qu'il dirigera les traits meurtriers sur eux.

Quant à lui, il louera l'Éternel à cause de sa justice et il chantera son nom pour toujours.

4 Le psaume 61 : prière du roi fugitif

C'est une prière de supplication d'un homme exilé dans un pays lointain et qui crie à Dieu le cœur abattu afin de lui accorder un refuge auprès de lui.

Il demande à Dieu de prolonger son séjour sur la terre et que sa bonté et sa fidélité soit sur lui.
Quant à lui, il glorifiera l'Éternel chaque jour de sa vie.

5 Le psaume 63 : la soif de Dieu

C'est la prière d'un homme qui a soif de Dieu c'est-à-dire un homme qui cherche la face de Dieu par son corps et la communion de Dieu par son âme.

Quand il voit l'image de l'Éternel, son âme est complètement rassasiée et pendant la nuit il ne cesse jamais de méditer sur l'Éternel.

L'Éternel est son secours et il est vraiment content puisque son âme est liée à l'Éternel et sa droite le soutien.

Mais tous ceux qui prévoient des malheurs contre lui, mourront avant lui car leurs bouches seront fermées.

6 Le psaume 46 : Dieu, notre refuge et notre force

Que la terre tremble, que les nations s'agitent, que les mers s'ébranlent et que les montagnes s'écroulent nous n'avons aucune crainte car Dieu est notre refuge, notre appui et notre secours.

Vous pouvez regarder les œuvres de l'Éternel car c'est lui qui a fait cesser les combats jusqu'aux extrémités de la terre.

Il a brisé l'arc, il a fait brûler les chars de guerre parce qu'il est Dieu et qu'il domine sur la terre.

7 Le psaume 54 : prière confiante pour la délivrance

Dans cette prière le chrétien oblige Dieu à écouter sa prière.

Les méchants sont contre lui et ils oublient même que Dieu existe mais dans sa justice l'Éternel Dieu est le seul qui peut le sauver.

Il déclare que Dieu est le soutien de son âme même quand les méchants l'attaquent. C'est pourquoi il demande à Dieu de les renverser et de le délivrer.

En retour, le chrétien offrira à l'Éternel Dieu des louanges.

8 Le psaume 70 : prière pour la délivrance

La prière d'un homme en danger de mort et qui appelle l'Éternel en urgence pour venir le secourir et le délivrer.

Il dit à l'Éternel que tous ceux qui cherchent sa mort soit honteux et confus.

En revanche, ceux qui cherchent la face de l'Éternel soient dans la joie et l'allégresse.

Quant à lui, il est pauvre et indigent et demande à l'Éternel d'agir en sa faveur car il est son aide et son libérateur.

9 Le psaume 59 : prière pour le jugement des impies

Ce psaume est une prière de délivrance d'un homme qui accuse ses ennemis à Dieu et à qui il demande la protection contre les hommes violents qui complotent contre lui jour et nuit.

Il invoque l'esprit de Dieu d'être devant lui afin de le protéger contre ses adversaires.

Il demande à Dieu de les détruire dans sa bonté afin qu'ils sachent qu'il y a un Dieu qui existe sur la terre.

Et quant à lui, il chantera sa bonté, sa force car il est son Dieu tout bon et il est sa Haute Retraite.

10 Le psaume 4 : la confiance dans la détresse

Quand on est dans la détresse, il faut seulement faire confiance à Dieu.

Ici le chrétien demande la pitié de l'Éternel parce qu'il est harcelé et tourmenté chaque jour par des ennemis.

Il commence par accuser ses ennemis à Dieu. Il dénonce à Dieu tous les maux que ses ennemis lui font.

Il demande la colère de l'Éternel sur eux.

Il fait des promesses à l'Éternel d'accomplir ses vœux et des actions de grâce quand il délivrera son âme de la mort.

11 Le psaume 144 : prière pour la libération du peuple

Pour libérer le peuple, invoquez d'abord l'Éternel qui est votre rocher, votre bienfaiteur, votre forteresse, votre libérateur, votre bouclier et votre refuge de venir combattre pour vous.

Demandez à Dieu de descendre des cieux, de briller les éclairs, de disperser vos ennemis et d'étendre ses mains pour vous délivrer et pour vous sauver des mains des enfants des hommes.
Alors, vous chanterez des cantiques et vous le louerez pour que vos fils se multiplient comme des plantes, que vos filles soient comme des fleurs, que vos greniers soient pleins, que vos troupeaux se multiplient et que vos génisses soient fécondes.

Heureux le peuple dont l'Éternel est le Dieu.

12 Le psaume 30 : louange après la délivrance

Après la délivrance c'est l'allégresse de l'homme.

Il approuve devant les hommes que la colère de l'Éternel dure un instant mais que sa grâce dure toute la vie.

Le soir arrive des pleurs et le matin c'est l'allégresse.

Il fait des louanges à l'Éternel d'avoir eu pitié de lui, d'avoir changé ses lamentations en l'allégresse parce qu'il l'a délivré des méchants et il lui a donné la joie.

Enfin il louera l'Éternel pour toujours. AMEN.

5.6 Le lavage du corps

Il faut laver complètement le corps du malade en se référant au chapitre sur la délivrance.

Si cela n'est pas possible, utilisez une bouteille et mettez de l'eau bénite et pulvériser tout le corps du malade.
Procédez de la même façon que dans le chapitre sur la délivrance.

Pulvérisez aussi les alentours du malade et de sa chambre afin d'éviter que les esprits démoniaques y retournent.

5.7 L'onction des malades

Prenez une bouteille ou un flacon d'huile d'olive et mettez-le sur la Bible et priez en faisant allusion aux écritures de Jacques chapitre 5, versets 13 à 15 comme nous l'avons vu dans le cadre de la délivrance.

Embaumez tout le corps du malade et le reste servira pour frotter sur les portes, les fenêtres et jetez dans tous les trous qui communiquent avec l'extérieur de la maison.

Oindre le malade d'huile est une étape très importante dans l'exorcisme.

S'il arrive que le malade ne puisse pas être oint, alors l'exorcisme sera considéré comme insuffisant.

Avant de terminer, l'exorciste doit goûter l'huile qu'il a utilisée en présence de tout le monde et il doit donner une cuillerée au malade pour la guérison intérieure du malade.

5.8 L'imposition des mains

Comme je l'ai mentionné dans le chapitre sur la délivrance, l'imposition des mains dans l'exorcisme s'avère très difficile à exécuter parce que les malades sont très agressifs.

C'est pourquoi il faut chasser les démons avec des paroles autoritaires comme témoigne l'apôtre Matthieu au chapitre 8, verset 16, en parlant de Jésus-Christ : « *Le soir, on amena auprès de Jésus plusieurs démoniaques. Il chassa les esprits par sa parole, et il guérit tous les malades.* ».

Cependant, l'intercesseur doit prier avec des paroles incantatoires qui évoquent les Écriture de Dieu.

Il faut toujours faire une référence aux écritures de la délivrance pacifique mais avec une attitude autoritaire.

Enfin, il faut conseiller le malade de brûler tous les documents Antéchrist qu'il possède, de s'écarter des visions des plaisirs du monde et des amis de mauvaises habitudes.

Si la confession a été bien faite alors le malade recevra sa guérison immédiatement. Sinon alors Jésus-Christ ne le guérira pas parce qu'il est un menteur.

Il faut savoir que la Parole de Dieu ne ment pas mais ce sont les hommes qui mentent.

5.9 Les recommandations

L'intercesseur doit beaucoup prier et jeûner pour pratiquer l'exorcisme car c'est un cas extrême de la délivrance agressive c'est-à-dire une délivrance de maladies chroniques, de troubles mentaux, de maisons possédées etc.

Il est nécessaire de connaître le nom du démon qui possède le malade et d'utiliser ce nom pour le chasser au nom de Jésus-Christ.

Dans le monde spirituel si un démon est reconnu par son nom, alors il quitte le malade car on l'a découvert.

Dans les cas où le démon quitte le malade et entre dans l'intercesseur, il faut immédiatement l'amener chez le pasteur de Dieu pour le délivrer.

Si cela n'est pas fait l'intercesseur tombera malade ou il deviendra fou.

N'oubliez jamais d'utiliser l'eau bénite pour l'exorcisme.

Aspergez le malade, la maison et les endroits où les prières sont faites.

L'exorcisme est une délivrance agressive comme je l'ai déjà indiqué ; il faut impérativement utiliser une voix autoritaire et agressive pour chasser le démon au nom de Jésus-Christ.

C'est pourquoi les douze prières supplémentaires ont été ajoutées aux prières de la délivrance afin de compléter l'exorcisme.

Dans ce livre, je voudrais juste présenter un résumé de mon témoignage.

Si vous voulez plus de détails alors je vous recommande de bien vouloir écouter mon témoignage sur YOUTUBE. (Papa KAPANGE interview).

Ce témoignage n'est pas un événement imaginaire mais une histoire vraie qui m'est arrivée il y a plus de 20 ans maintenant.

Il s'agit de l'histoire d'un empoisonnement dans la nourriture que j'ai eu à expérimenter.

En citant seulement le nom de Jésus-Christ, alors le miracle s'est produit et j'ai été miraculeusement guéri.

En effet, et bien avant l'empoisonnement, j'avais quand même remarqué que ma maison était, et à plusieurs fois, fréquentée par des inconnus qui venaient la fouiller. Toujours en mon absence.

Je me rappelle que c'était dans la nuit du samedi au dimanche alors que je rendrais d'une longue journée de prière avec mon pasteur.

Après avoir mangé la nourriture que j'avais laissée, j'ai senti des douleurs aiguës dans l'œsophage car au fur et à mesure que la nourriture descendait dans mon estomac les douleurs aussi descendaient.

J'ai crié très fort en disant Seigneur Jésus-Christ, on m'a empoisonné.

Quelques minutes après, j'ai été pris d'une chaleur et de la fièvre qui m'enveloppait et qui me poussait à aller me coucher.

Quelques minutes encore j'ai senti un grand froid qui a attrapé mes pieds et ce froid progressait sur mes jambes.

Quand le froid est arrivé au niveau de mes cuisses, j'ai entendu la voix de ma conscience qui m'a dit ceci : « prenez votre main droite et déposez-la sur votre sein gauche en citant les paroles de Marc chapitre 16 :17-18 ». Instantanément les douleurs et les troubles que je ressentais ont disparus.

Juste après mon empoisonnement, j'ai cherché à me faire baptiser par immersion dans l'eau.

Ensuite, je priais presque chaque jour avec l'émotion parce que je ne savais pas que Jésus-Christ était vivant et qu'il avait entendu ma demande.

Dans mes prières, je disais toujours à Jésus-Christ : Seigneur tu m'as sauvé et tu m'as donné encore une deuxième chance à la vie. Alors qu'est-ce que je peux faire pour te remercier en retour ?

La première révélation de chanson est venue par un rêve.

Je me souviens que ce jour-là, j'ai rêvé qu'on était nombreux dans la cour de la maison, avec des musiciens et des instruments et on dansait : « Tout le monde danse tu es mon Dieu, je danse tu es mon Dieu ».

La deuxième révélation est celle des chansons de psaumes.

Je me rappelle que c'était un samedi. Mon pasteur et moi sommes allés prier pour une sœur qui était malade. A la fin de la prière, le pasteur me demande de clôturer avec le psaume 91.

Durant la nuit, mon esprit me dirige vers le psaume 91 et le matin, quand je prends le psaume pour prier, le psaume devient une chanson.

Je reçois ces chansons par la révélation, c'est-à-dire quand je dors, on me révèle une chanson et le matin je me réveille avec la même chanson dans la bouche.

Et par l'inspiration, c'est-à-dire je dois m'inspirer d'un message avant que mon esprit commence à chanter cela.

Cette révélation se présente sous deux langues : français et anglais.

Quand mon esprit chante en français, je chante en français et lorsqu'il chante en anglais, je chante en anglais.

Aujourd'hui, je chante plus de 70 psaumes de la Bible : verset par verset, du commencement à la fin et je ne les oublie pas.

Quand j'ai commencé à chanter les psaumes, alors j'ai eu à me poser une question de savoir : pourquoi dois-je chanter les psaumes ? Et pourquoi dois-je les chanter sous le style des chansons du monde ?

A ces questions, c'est mon esprit qui me répond comme ceci : « quand tu as été empoisonné et si, tu n'avais pas appelé Jésus pour venir te sauver, penses-tu que Jésus serait venu te sauver ? ». Ma réponse, j'ai dit : « NON ».

Cependant, on me montre la vision du monde et on me dit que : le monde est apprivoisé par Satan.

L'esprit me montre une cage dans laquelle il y a des gens qui sont enfermés. A l'extérieur de la cage, je vois aussi très peu de gens qui sont au dehors (voir l'image ci-dessous).

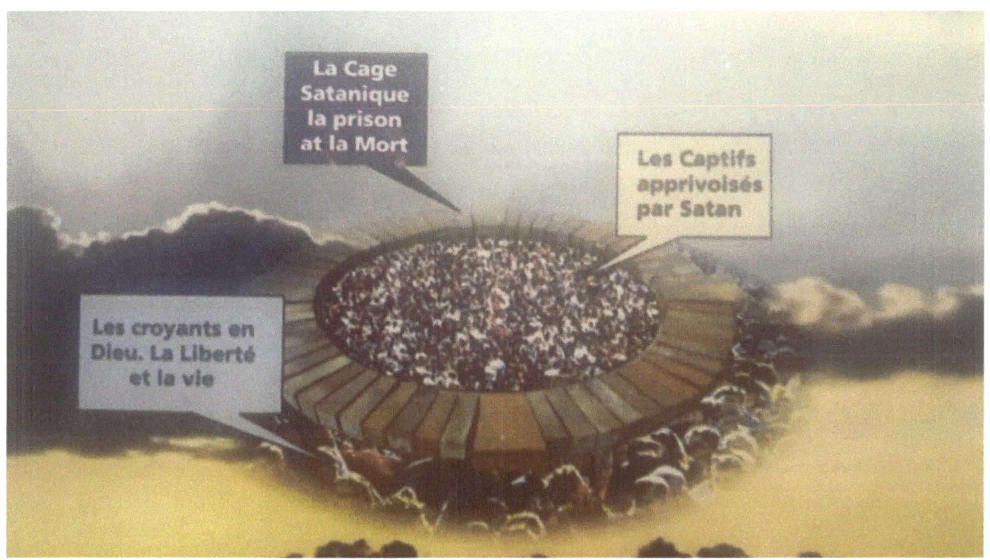

Le devoir du chrétien est de faire sortir au-dehors ceux qui sont encore dans la cage. Matthieu 26 :16-20 ; Marc 16 :15-16 et Psaume 51 :15.

Les personnes qui sont à l'extérieur sont des chrétiens, c'est-à-dire qu'une fois que vous êtes chrétiens et né de nouveau, Jésus vous enlève de la cage et vous met à l'extérieur.

De là, vous devenez libre. Ceux qui sont à l'intérieur de la cage sont les gens du monde y compris les bébés chrétiens, c'est-à-dire les personnes qui ne croient pas en Jésus-Christ ou des gens qui se disent des chrétiens mais ne le sont pas en réalité.

Quand j'ai vu cette vision, j'ai tout de suite posé la question : comment peut-on libérer ces gens-là ? Mon esprit me répond : c'est pourquoi on vous a donné les psaumes.

J'ai reposé encore la question de savoir : Comment faut-il y aller ? Et voilà que l'on me dit : la mission que je dois accomplir.

La vision du monde m'a clairement montré que les gens du monde sont captifs de Satan. Il les a mis dans une cage d'où ils ne peuvent pas sortir. Cette cage signifie la prison et la mort.

Tout de suite l'esprit m'envoie à la Bible : Luc 24 :44 qui dit : « *C'est là ce que je vous disais lorsque j'étais encore avec vous, qu'il fallait que s'accomplisse tout ce qui est écrit sur moi. Dans la loi de Moïse, dans les prophètes et dans les psaumes.* »

Quand j'ai constaté que s'accomplit tout ce qui est écrit de Jésus-Christ dans les psaumes ; j'ai alors compris que s'accomplit tout ce qui est écrit de l'Éternel dans les psaumes.

Ainsi l'évidence est apparue : Jésus-Christ est l'Éternel que nous prions dans les psaumes. Il est notre sauveur et l'Éternel (en Ésaïe 43 :11 « *C'est moi, moi qui suis l'Éternel, Et hors moi il n'y a point de sauveur.* »).

Par conséquent le meilleur moyen de sauver les gens du monde est de prier les psaumes avec eux.

Quand ils vont ouvrir leurs bouches et prier en disant l'Éternel délivre-moi des hommes méchants, alors les écritures s'accompliront dans les psaumes et les gens seront sauvés parce que Jésus-Christ agira en eux.

L'esprit m'envoie dans la Bible, l'Évangile de Mathieu 28 :16-20 avec titre : mission confiée aux disciples. Le verset 19 dit que « *Allez, faites de toutes les nations des disciples* ».

Quand j'ai lu les écritures de Mathieu, j'ai compris que ma mission était de prier les psaumes selon ce que mon esprit me les communique, me les chante.

Pendant que je suis en train de raisonner dans mes pensées, l'esprit m'envoie encore dans l'Évangile de Marc 16 verset 15 : « *Puis il leur dit : Allez partout le monde et prêchez la bonne nouvelle à toute la création.* » et verset 16 : « *Celui qui croira et que sera baptisé sera sauvé, mais celui qui ne croira pas sera condamné* ».

Quand, j'ai fini avec les deux Évangiles, de Mathieu et de Marc, j'ai tout de suite compris la mission que Jésus-Christ m'a confiée et de quelle manière je devais l'accomplir.

C'est donc, sur ce point précis que j'ai compris que Jésus-Christ était bien organisé. Bien avant de me confier une mission, il m'a d'abord touché par une guérison spirituelle. Il m'a donné des chansons par la révélation et par l'inspiration, sans toutefois me donner les raisons.

Ensuite, il me montre une vision du monde et enfin il me confie une mission à accomplir.

Donc ceci montre que : quand Dieu vous donne une mission, il doit vous préparer d'abord.

Ma mission maintenant sera :

1- d'aller dans le monde avec des psaumes pour prier, chanter et danser ;

2- de rappeler aux chrétiens la mission que Jésus-Christ nous a confiée.

Il faut savoir qu'être un bon chrétien c'est être un disciple de Christ.

C'est faire le devoir que le Maître nous a laissé. Comme ça et en ce jour-là, s'il vous demande ce que vous avez fait sur terre, dans mes opinions, je répondrai : Seigneur, vous m'avez sauvé et moi aussi, j'ai sauvé. Ma mission aussi est accomplie.

Un compact disque a été prévu et mis dans ce livre de prières pour les raisons suivantes :

1. Apprendre aux croyants et particulièrement aux chrétiens la bonne manière de prier les cantiques conformément à la Parole de l'Éternel Dieu ;

2. Prier l'Éternel Dieu avec une mélodie naturelle qui lui rappelle ses propres écritures ;

3. Familiariser les chrétiens avec des prières de communication directe avec l'Éternel sans interférences des autres dieux du monde (des idoles) ;

4. donner la recommandation aux chrétiens de distribuer les psaumes dans le monde conformément à la mission qui m'a été donnée. Quand les gens du monde vont prier en les chantant alors Jésus-Christ va agir en eux.

Il est vrai que vous pouvez trouver une autre mélodie différente que celle chantée dans ce CD. Alors adaptez-là et cherchez le moyen de mettre les instruments si cela est possible. Comme nos plans sont différents devant Dieu nos façons de chanter ses cantiques seront aussi différentes.

Mais comme les versets sont toujours les mêmes alors nos communications seront les mêmes devant lui.

Vous pourrez également retrouver ces prières chantées sur YOUTUBE (chaîne en cours de montage)

Nous sommes arrivés à la fin de ce livre de prières et pour terminer je voudrais vous dire que le fait de prier les psaumes ne garantit pas une satisfaction complète de vos demandes. Il faut y ajouter votre foi qui va constituer une clé de base pour la réussite de vos prières.

La persévérance dans la prière devient la clé et doit être accompagnée par la foi.

Il faut savoir qu'un bon chrétien est celui qui insiste toujours dans ses prières pour montrer à Dieu l'importance qu'il attache à ses demandes.

Dans tout ceci, il faut la patience qui doit accompagner la foi et l'insistance.

Il faut toujours avoir de la patience jusqu'au moment où l'Éternel répondra à vos demandes.

Il ne faut jamais oublier que Dieu peut vous tester pour voir si votre demande peut être modifiée.

C'est pourquoi, il faut toujours insister.

Il est préférable d'être précis dans vos demandes.

Il ne faut pas semer de confusions dans votre tête en demandant plusieurs choses à la fois.

Soyez précis et clair et surtout aller étape par étape. Lui-même connaît vos besoins.

Avant de prier Dieu, il faut d'abord l'invoquer par des cantiques que vous avez dans la Bible.

Là, vous êtes sûr de la bonne destination de vos prières et de la référence de vos prières que vous lui adressez.

Après l'appel à Dieu, il faut introduire votre prière par un cantique que choisit votre cœur.

Ensuite, vous priez une prière proprement dite qui correspond à la circonstance de vos demandes.

En effet, il faut prier Dieu dans la logique et le raisonnement de vos prières. Il ne faut pas prier Dieu à tort et à travers. Cherchez à être précis et clair dans vos demandes et surtout suivre dans l'ordre les numéros de prières sans les intervertir ou les sauter.

S'il s'agit d'une délivrance des malades ou d'un exorcisme alors l'intercesseur doit insister sur la confession, le lavage du corps, l'onction d'huile, l'imposition des mains sur les malades et surtout sur le suivi des malades pour que les mauvais esprits n'y retournent pas.

Si cette formule est respectée, alors vous verrez les signes de l'Éternel, Dieu apparaîtront sur vous.

C'est vrai qu'en priant les psaumes, vous verrez de grands changements physiques et spirituels vous arriver.

Dans ce cas, il faut persister dans vos prières. Il faut garder la discrétion jusqu'à ce que l'Éternel vous montre le plan qu'il a pour vous.

Cela démontre que l'Éternel Dieu commence à vous ouvrir les yeux afin de distinguer le bon et le mal.

Vous aurez alors l'occasion de différencier les satanistes par leur marque et les non-satanistes, qui sont purement les enfants de la lumière. Dans le même sens, vous verrez la manière dont ils communiquent par leur téléphone spirituel.

Quand vous arriverez à ce niveau de prière avec Dieu, vous verrez que beaucoup de gens ne vous aimera plus.

Les uns auront la peur de vous regarder en face et les autres prendront la fuite quand vous prierez les psaumes.

S'il vous arrive d'avoir des visions pour distinguer le bon et le mal, alors dans ce cas-là vous verrez les marques qui sont sur les gens.

Cependant, il ne faut pas les juger car il ne vous appartient pas le droit de juger les hommes.
Le jugement appartient à Dieu qui les a créés et qui les connaît mieux que vous. Si vous le faites alors, vous vivrez seul.

Votre mission sur la terre est d'accomplir la mission de propager la parole de Dieu.

C'est pourquoi, il faut propager ces prières dans le monde et pour qu'un jour vous faites un bon compte-rendu à votre Père qui vous a envoyé sur terre et en présence de votre grand-frère Jésus-Christ.

Il faut que vous gardiez en tête que notre Dieu, et un Dieu de toutes les créations.

Il n'est pas un homme de mensonges.